# Faça política!

## Conversas sobre liderança, estratégia e comunicação

**Kleber Carrilho**

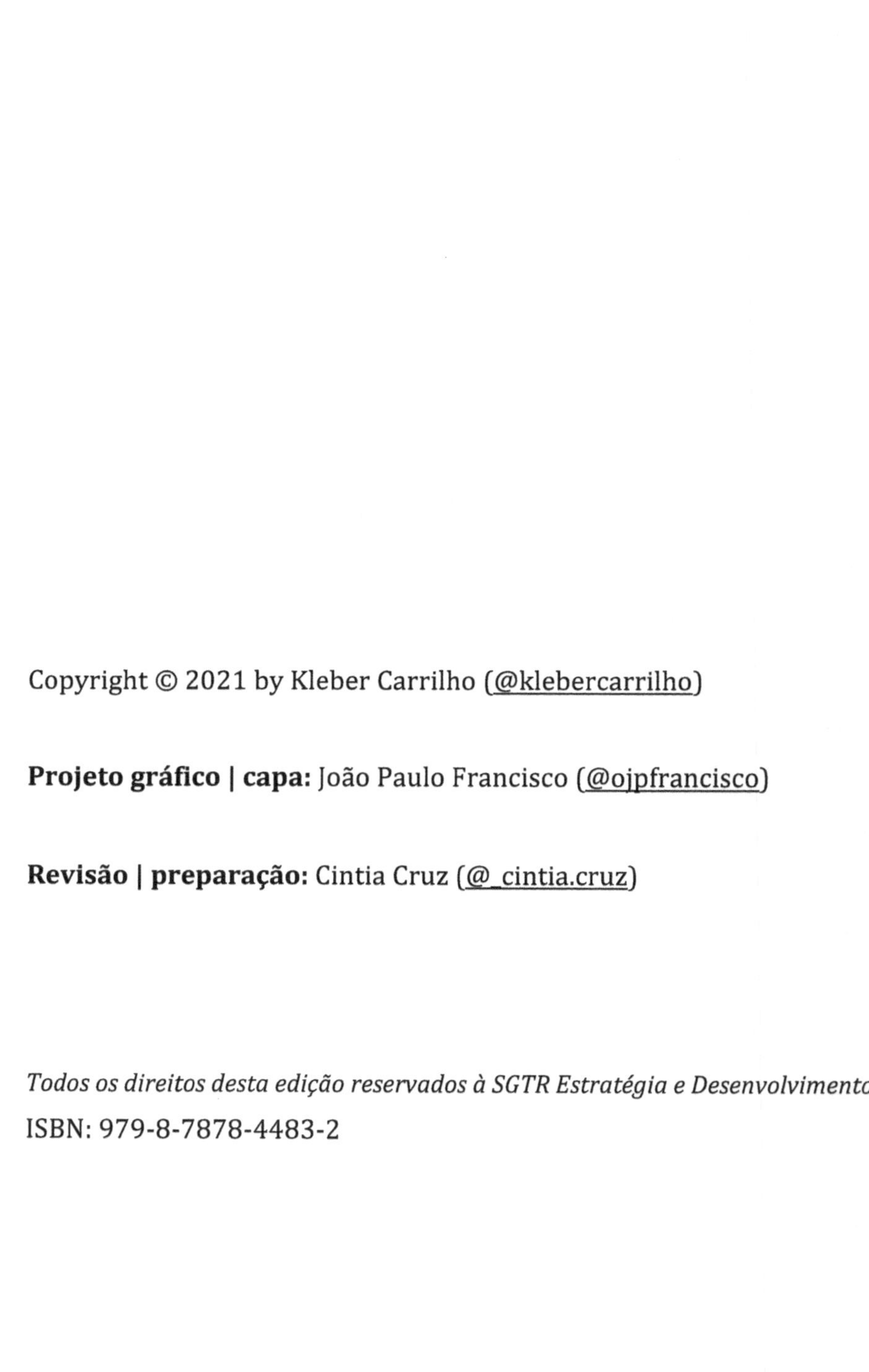




ISBN: 979-8-7878-4483-2

# Conteúdos

# Para começar a conversa

Este livro não é um guia. Como o próprio nome diz, ele é um ambiente para organizar algumas conversas. São ideias lançadas com alguma organização, em dez passos, que são os dez capítulos. Por essas características, não aconselho que ele seja lido de uma vez só. Você pode lê-lo aos poucos, com várias outras referências abertas.

Ele foi pensado a partir das interações que tive com muitas pessoas, e tem a intenção de auxiliar quem quer assumir a liderança política. Mas ele pode (e deve) também ser lido por qualquer um que se interessa pelo tema e por quem quer se desenvolver na assessoria, na consultoria ou em outro trabalho com a estratégia e a comunicação de projetos políticos.

Aqui estão algumas conversas que tive, com alunos e clientes, nos últimos 25 anos, tempo em que dei aulas de comunicação e estratégia, tanto para política quanto para negócios, e atuei em consultorias e agências. Nas aulas, em universidades e fundações partidárias, sempre falei sobre projetos de poder e projetos políticos, termos que são fundamentais para a definição daquilo que as lideranças políticas entregam como produto para a sociedade. Por isso, eles estão presentes em diversos momentos.

Nestas duas décadas e meia, também desenvolvi diversos tipos de textos, como redator e como estrategista. Isso porque, como você vai ver mais à frente, quem trabalha com estratégia também faz textos, principalmente sobre o futuro. Entre os temas sobre os quais falei e escrevi estão o marketing de produtos e de projetos, a comunicação e o consumo, a argumentação e o *storytelling*, além das relações entre todas essas atividades e a ética, a sustentabilidade e a responsabilidade socioambiental. Por isso, em diversos momentos, todos esses assuntos estão presentes.

Durante toda a vida, também acompanhei projetos políticos e processos eleitorais, em diversos papéis. Fiz panfletagem e participei de movimentos sociais e partidos políticos na adolescência, sou analista do cenário como comentarista na imprensa, escrevo artigos para jornais e periódicos científicos e, em diversas oportunidades, coordenei e assessorei campanhas eleitorais, além de ser mentor de candidatos e candidatas para o Executivo e para o Legislativo. Consegui também, para fazer observações comparadas, acompanhar alguns processos eleitorais fora do Brasil, na França, no Chile e em Portugal, por enquanto.

E, claro, neste tempo também estudei bastante. Fiz uma graduação em Ciências Sociais (o que inclui Ciência Política) na Universidade de São Paulo, pós-graduação em Comunicação e Marketing na Fundação Cásper Libero, mestrado e doutorado em Comunicação Social na Universidade Metodista de São Paulo. Também fiz uma pesquisa na Universidade de Paris. Isso tudo porque sempre tive (e tenho) o interesse de entender como os seres humanos, vivendo e trabalhando em comunidade, desenvolvem as trocas de ideias e as soluções de problemas, construindo expectativas sobre o futuro, resultando no que a gente chama de política.

E uma das coisas que mais observei é que, no Brasil, o que falta para termos o ambiente ideal na política é a formação de gente boa para fazê-la. Tenho, por isso, insistido que formar as pessoas para fazer política deve ser a base da nossa democracia.

Este livro, que também tem o formato de um curso e de várias coisas que escrevi e publiquei nas redes sociais e em veículos de comunicação social, é um movimento neste sentido.

Como disse antes, ele não pretende ser um guia, um manual pronto, definitivo. Pelo contrário, é uma organização que dei, neste momento, para que a ideia de fazer política faça sentido para você. A ideia é influenciar quem tem vontade, quer ou tem sido convidado para representar e fazer esse serviço importante, que é organizar as vontades, os desejos, as necessidades, as expectativas e as esperanças.

Fazer política não é, afinal, somente participar de grandes discussões em grandes salas de reunião, desenvolvendo artimanhas para dominar o mundo. Fazer política é ouvir, observar, compreender e organizar demandas, em cada local, pequena cidade, bairro, vila, rua. Tudo isso, é claro, com grande capacidade de se fazer entender.

Portanto, espero que você esteja no caminho certo e tenha decidido com firmeza a intenção de fazer política, se apresentar como uma solução, como representante e como porta-voz. Ou simplesmente queira influenciar as pessoas boas que você conhece a fazer tudo isso. E também esse papel, de assessoria e consultoria, é uma função política muito nobre, nos bastidores, na organização, no planejamento estratégico. Qualquer que seja o seu objetivo, seja bem-vinda, seja bem-vindo!

Nestas conversas, você vai encontrar alguns passos, ideias, que acredito que sejam fundamentais, mas não únicas, para começar a construir a sua vida no ambiente político. Elas são importantes e podem ser complementadas pela vivência e por obras e referências que você pode encontrar na sua caminhada e as que também cito, para que você possa se aprofundar cada vez mais. A ideia, mais do que dar certezas, é fazer com que você se questione.

Por isso, insisto sempre que você deve construir as observações e as estratégias a partir da sua realidade, usando os exemplos apenas como referência. Espero que você se questione muito sobre a sua atuação e o seu planejamento e use estas conversas como base para o início e a continuidade do trabalho.

Vamos lá?

# 1 – Assuma a liderança

## Decida! E tenha orgulho de fazer política!

Sempre que converso com alguém que está na dúvida se deve ou não fazer política, assumir a liderança, ir buscar uma carreira na gestão pública ou como representante político, digo que essa é uma decisão difícil, que depende de entrega, de disponibilidade, da possibilidade de deixar a ideia de trabalho com horário definido. Afinal, fazer política é atividade *full time*.

Mas uma coisa é clara. Se você acredita que deve fazer política, faça! Afinal, essa é a única forma que existe de influenciar a construção do futuro. E, se você pensa que o futuro pode ser diferente do atual com as suas percepções e ideias, então você está no caminho certo.

E isso pode acontecer por diversos motivos. Pode ser porque você acredita que é a sua missão, porque notou que tem vocação, porque os amigos disseram que você tem capacidade de liderança ou simplesmente porque tem vontade. Não importa qual é o motivo que encontrou, se você acha que deve ser uma liderança política, a política é o seu lugar.

Então, antes de qualquer coisa, de planejar a carreira, de desenvolver estratégias, de formar equipe de trabalho, tome a decisão. Tenha um projeto de poder e siga firme no caminho de conquistá-lo.

Parece fácil, mas não é. Por isso, faça da decisão um evento, um marco, uma data anotada nas agendas para que você e todos se lembrem do momento exato que, a partir de alguns propósitos, você decidiu desenvolver a sua liderança e fazer política.

E então? Já anotou na agenda? Definiu que hoje é o dia marcado para você começar a desenvolver a sua carreira? Ou isso já aconteceu antes, e você só está aqui curioso sobre o que pode fazer para a sua liderança ser ainda mais competente?

Essa decisão com data marcada é tão importante que, na maioria das vezes, você vai poder usá-la como uma forma de falar sobre a sua dedicação, seus sonhos, seus propósitos. Pense nos discursos que você vai fazer, nos conteúdos das redes sociais, nos textos que vai escrever. Se puder usar uma informação como essa, o dia em que você decidiu entregar a sua vida para a liderança política, com certeza vai conseguir criar um ambiente de mais confiança com os seus públicos.

Mas, para que essa decisão realmente faça sentido, você precisa ter orgulho. Não pode ficar com "vergonha" de dizer que está com foco em fazer política, em desenvolver a sua liderança. Porque vai ter muita gente dizendo que isso é bobagem, que só tem corrupto fazendo política, tentando desestimular para que você desista. Então, se você definiu que vai fazer, faça com certeza, sem vergonha, com vontade de dizer para todo o mundo, do tio que acha que não tem gente boa na política ao seu "amigo" da infância que tem certeza de que você não tem competência para liderar. Sim, esse tipo de "amigo" existe. Deixe de lado o que dizem, decida por aquilo que você quer. E se o que você quer é a liderança política, tenha orgulho disso!

## Se a humanidade sempre fez política, por que você não?

Lembre-se sempre disso: a humanidade faz política desde que os primeiros humanoides notaram que viver em grupo garantia maior sobrevivência. Então, qual é o problema de abraçar a mais antiga das profissões, que é organizar grupos sociais? Sim, você deve ter ouvido falar que a função remunerada mais antiga era outra, mas não acredito nisso. No dia em que alguém disse "vou organizar isso aqui" e recebeu alimento que outra pessoa foi coletar ou caçar em troca do trabalho de organização, o trabalho do líder político foi inventado.

Claro que, com o passar do tempo, tudo se tornou mais complexo e, dos grupos de poucas pessoas nas planícies da África, passamos a estruturas cheias de pompa e títulos. Mas, no fim, é a mesma coisa que acontece, só que em tamanho muito maior, com muitos outros detalhes e mais institucionalização. E um monte de burocratas por perto, é claro.

E é importante entender que outras evoluções também aconteceram. Da organização com regras faladas, transmitidas e transformadas de acordo com a necessidade, passamos depois de milênios a desenvolver leis escritas, com tantos detalhes que precisamos até de gente especializada em escrevê-las, ler e interpretar.

Por isso tudo, se você tomou a decisão de participar dessa organização da sociedade, entenda a nobreza e a responsabilidade da função de levar as pessoas para algum objetivo, em qualquer lugar em que você atua, seja como líder da comunidade, síndico do condomínio ou tendo um cargo na gestão pública.

Então, voltamos ao tema dos que não querem que você assuma a liderança. Não ouça os chatos que dizem que quem faz política é ladrão, que acham que precisa ser milionário para entrar no ambiente político, que odeia política. As pessoas que odeiam política podem continuar odiando, mas você não vai pedir opinião sobre a sua atuação para elas. Somente as observe, porque isso é importante. Afinal, se elas não gostam de política, é porque não tiveram boas experiências anteriores. E você pode muito bem conquistá-las depois de algum tempo.

No final das contas, quem se decepciona com a política tem até certa razão. Realmente, tem gente corrupta nesse ambiente, o que tem sido o principal problema da "coisa pública" no Brasil. Mas, pense comigo, e diga isso para as pessoas: se não for dentro do ambiente político, como podemos mudar tudo isso?

Então, aqui vai mais um conselho: quando algumas pessoas insistirem na ideia de que fazer política é coisa de aproveitadores e tentarem associar a sua atuação a isso, deixe de ouvi-las por um tempo. Ou, se elas insistirem sempre nesse pensamento, deixe-as de lado por toda a vida. Afinal, como disse Bertold Brecht, "o analfabeto político é tão burro que se orgulha e estufa o peito dizendo que odeia a política". E você não vai querer burros por perto, certo?

Esse é outro ponto importante para conversar. Afinal, tem gente que vai se distanciar de você e outras que vão se aproximar. Gerir essas pessoas é um grande desafio, sobre o qual a gente vai falar mais para a frente, principalmente nos capítulos 3 e 4.

## Algumas referências para inspirar a sua liderança

Como eu citei Brecht há pouco, acredito que sempre vale a pena usar referências para falar sobre a participação e a liderança política. E aqui vão as primeiras referências. No próximo capítulo, você vai ver como elas são fundamentais para a sua formação como líder.

Para saber um pouco mais sobre como a humanidade desenvolveu essa necessidade de fazer política, alguns textos são muito interessantes. Conheça os grandes autores inspiradores da Ciência Política, como Platão, Maquiavel e Hobbes, além de muitos outros. Uma boa opção é a edição em dois volumes dos Clássicos da Política, organizado pelo professor Francisco Weffort. Lá, em pequenos artigos de grandes pesquisadores e professores, você pode ter um contato inicial com os principais autores.

Mas, se você quiser ler os clássicos diretamente na fonte, faça isso. Uma boa opção para começar é A República, de Platão. Em um diálogo socrático, ele fala de Justiça, da formação dos Estados (ou o que eles tinham naquele momento) e também das formas de governo, além de diversos assuntos que podem ser extremamente atuais.

Outro texto interessante é o Leviatã, de Thomas Hobbes. Um pouco mais complexo, ele trata dos principais motivos pelos quais as pessoas abrem mão de algumas das suas liberdades para fazer parte do Estado, e discute principalmente como o medo e a incerteza são os principais problemas humanos. Por isso, vale lembrar que o papel de quem quer ter o poder é organizar as demandas e as pessoas, para que elas tenham menos medos e incertezas.

Por fim, outro texto fundamental é O Príncipe, de Nicolau Maquiavel. É um livrinho simples, direto, que serve como manual (e foi escrito mesmo com esse objetivo), com mais de quinhentos anos. Pense sempre em fazer a transição e entender que o que ele diz, olhando para um ambiente de nascimento dos Estados nacionais, pode servir para os dias de hoje. Com certeza, a visita a ele vai ser fantástica.

Um caminho pela História também é interessante. Por isso, uma boa indicação para entender como os humanos chegaram até aqui, e para onde podem caminhar, é o livro Sapiens, do Yuval Noah Harari, que fez muito sucesso nos últimos anos. É uma aventura pela história humana e os momentos anteriores a ela, a partir do *big bang* até as possibilidades de caminhos que vamos trilhar nos próximos anos, décadas e séculos.

Mas, se você é daqueles que gostam de mergulhar mesmo, então algumas outras indicações podem ser fundamentais. A obra do historiador inglês Eric Hobsbawn é muito importante para entender a nossa época. E, se você quer dar uma olhada na História do Brasil e na formação do nosso país, Boris Fausto e Darcy Ribeiro são autores cujas obras são obrigatórias.

Então, só para não se esquecer, é necessário se preparar para o ambiente político, é preciso de muita informação, principalmente lendo sobre as formas de organização social, ou seja, a política. Mas isso vai ser mais detalhado à frente.

## Para ajudar na decisão

Voltando aos motivos da decisão por assumir a liderança política, vamos a alguns pontos de reflexão. Se você acha mesmo que deve fazer política, e já se decidiu por ela, pode até pular o final deste capítulo. Porém, se ainda não se decidiu totalmente, ou acredita que não é dispensável uma análise sobre a sua decisão, então vamos lá. Aqui vão alguns passos que acredito que possam ajudar na sua decisão:

- **Faça uma reflexão individual** sobre os seus propósitos e objetivos de vida. Para isso, pense nos seus valores, nas coisas que você acredita, naquilo que você vê na sociedade e que pode ser modificado com a sua atuação, nas possibilidades de se desenvolver como líder e de encarar um desafio muito complexo, mas muito importante para todos.

- **Divida a decisão com as pessoas** que são fundamentais para a sua existência: a sua família, seus amigos próximos e quem mais você achar que deve estar ao seu lado desde o primeiro momento, principalmente para dar apoio em tempos de dificuldades. Lembre-se sempre de que a liderança política não pode ser exercida por alguém isoladamente. Como você vai ver adiante, ela é sempre um trabalho em grupo. Por isso, tenha um entorno muito firme para ajudar em todas as dificuldades. Sim, elas serão muitas!

- **Faça um planejamento pessoal**, com horas semanais de dedicação para a preparação (que vamos ver a partir do próximo capítulo), para a atuação em grupos sociais e para a comunicação. Lembre-se de que, em geral, a atividade política não tem retorno financeiro no primeiro momento. Então, talvez você precise manter outra atividade profissional ou ter uma reserva financeira para encarar o desafio.

- **Aproxime-se dos públicos e das estruturas** que serão fundamentais para que você se desenvolva. Ambientes de participação, como partidos políticos, sindicatos, movimentos sociais, igrejas, escolas, universidades, além de muitos outros. Eles são essenciais para que você possa começar a sua atuação.

- **Avise às pessoas** na medida em que começar a atuar, lembrando-se de que nem todas elas precisam saber de todos os seus objetivos em um primeiro momento. Você precisa ter clareza da atuação e do que quer alcançar, mas não precisa dizer para todos que a sua intenção é ser presidente da República, por exemplo. Afinal, vai parecer um pouco estranho para quem não conhece seus propósitos e nem tem tempo para saber deles agora. Por isso, fale das questões locais, dos motivos mais próximos pelos quais você quer se dedicar, até que as pessoas se acostumem com a ideia da sua liderança.

Depois dessa reflexão, ainda vai faltar muitas coisas. Mas o importante é que você comece. Para não se perder, use alguma forma de registro das suas atividades, em agendas, cadernos, aplicativos de organização, porque liderar um projeto político é como ter uma empresa. Se você não gerir com competência, as coisas fogem do controle.

E preste atenção neste ponto que acabei de citar: projeto político. É exatamente isso que precisa ter forma para que você possa desenvolver a sua liderança.

## Questione-se!

Então, a gente viu até aqui que assumir a liderança política é uma decisão para a vida, uma opção de carreira. E que, para que as coisas tomem forma, elas devem ser organizadas em algo que podemos chamar de projeto político, ou de projeto de poder, se você preferir.

O projeto político, como eu disse antes, pode ser algo que nasce de um desejo individual, de uma transformação que você quer para a sociedade, de uma vontade de exercer a liderança. E, claro, deve interagir com outros projetos políticos, maiores, menores, paralelos. Na verdade, o ambiente político é cheio de projetos que interagem e negociam entre si. Portanto, prepare-se para fazer parte de um grande jogo.

Por isso, o passo mais importante para o início de uma carreira política é o questionamento. Então, você já se fez as perguntas certas? Pegue aquele caderno, o aplicativo de organização de tarefas ou o bloco de notas e responda agora:

- Você já se decidiu por ser uma liderança política?
- Por que você decidiu assumir esse papel?
- Você tem determinação e tempo para dedicar uma parte importante da sua vida para observar e compreender as pessoas?
- Você consegue entender que fazer política necessita de uma visão de longo prazo, que inclui vitórias e derrotas?

- Está se preparando para deixar de lado por um tempo (talvez longo) as pessoas que não conseguem compreender que fazer política é importante?

- Quais são as suas referências de liderança?

- Quais as características que você tem para liderar?

Preste atenção nas suas respostas e as deixe registradas. Essas anotações devem ser feitas em algum lugar que, de tempos em tempos, você possa ler, observar, relembrar. Elas são importantes para tudo o que vem depois, porque são referências para o planejamento da carreira, do projeto político, para conquistar pessoas que acompanhem você e principalmente para o posicionamento estratégico, que é a forma como você vai ser observado pelas pessoas.

Então, trate disso como um documento importante. Faça dele um manifesto para consumo próprio, que nem precisa ser lido completamente por ninguém. Só por você. Ele pode ter duas, três páginas, ou pode ser um calhamaço com muitas informações. O que vale é que tudo o que você pensa agora esteja lá.

Mas é claro que, como tudo na vida, a liderança política também muda, de acordo com influências e os cenários dos ambientes com os quais ela interage. Então, esteja preparado também para escrever novos manifestos desse de tempos em tempos, novas notas que registrem a sua capacidade de interação e de mudança. Porém, você sempre você manter o original, porque se trata da essência da sua liderança.

Se você já é líder e está lendo este livro, pensando que não fez isso quando começou, faça agora. E tente se lembrar de quando você começou. Quais eram as suas aspirações, seus sonhos? Se parecerem bobos neste momento, não faz mal, anote assim mesmo. Pode ser uma bela viagem para retomar as inspirações e os propósitos.

# 2 – Prepare-se

## Liderar exige dedicação. E muito estudo!

Como já conversamos por aqui, fazer política é uma ocupação social, uma profissão, uma carreira. Assim como curar pessoas, construir casas, fazer comida. Portanto, se não existe médica, engenheiro ou cozinheira sem conhecimento técnico, fazer política também exige preparação e estudo de questões técnicas, mas não só.

Como fazer política leva em consideração o respeito e a atenção para inúmeros detalhes do dia a dia das pessoas, talvez você precise de algumas informações sobre medicina, engenharia e cozinha ao escolher a política como a sua atividade. Isso mesmo! Assumir a liderança política exige que você seja uma pessoa multitemática, porque os interesses que podem se apresentar para a sua organização podem vir de muitas áreas.

Portanto, por mais que você desenvolva a sua liderança por algum motivo inicial específico, como a defesa de políticas para o esporte, o cuidado com os animais ou a atuação na educação infantil, muitas outras demandas vão aparecer. E você, claro, precisa ter a capacidade de discutir sobre os temas. Mesmo que você não consiga ter profundidade, deve conseguir pelo menos encaminhar as ideias para especialistas. Este é outro ponto, que vamos discutir mais à frente: a capacidade de desenvolver equipes multidisciplinares para ser base de um projeto político competente.

Mas, vamos voltar aos pontos importantes para a discussão de agora, que é a preparação para assumir a liderança. Tem gente que me pergunta se estudar Ciência Política é importante. E, como já dissemos lá no primeiro capítulo, a resposta é sim. A Ciência Política é um caminho muito importante para você saber como é que o processo político se dá. Pode parecer que os temas são muito ligados ao pensamento teórico, às pessoas das universidades, e que têm pouco contato com a vida real, mas isso não é verdade.

A Ciência Política, assim como outras áreas importantes, como a Antropologia e a Sociologia, é essencial para observar os movimentos comportamentais e a formação das organizações políticas. Se você vive em um município, que tem uma estrutura de administração, dentro de um Estado, que pertence a um país, isso tudo é resultado de uma formação que precisa ser compreendida para que você possa atuar.

Por isso, estude sobre o funcionamento do Estado, tenha noções de Direito, compreenda o sistema eleitoral, os partidos políticos, os movimentos sociais. Tudo isso vai fazer com que você saiba principalmente quais são as possibilidades e os limites das suas ações. Afinal, se tem uma coisa terrível, é líder político que não sabe o que pode fazer em um determinado cargo, qual é o processo para que uma decisão seja tomada, quais são as possibilidades de se fazer coisas em uma ou outra cadeira. E os cidadãos não merecem ter líderes que não conseguem entender isso.

Será que você nunca viu um candidato a vereador dizendo que vai mudar a segurança pública, sem saber que este é um tema que, no Brasil, é administrado principalmente pelos governos estaduais? Ele poderia dizer que vai questionar, que vai propor, mas não que vai mudar uma realidade sobre a qual não tem nenhuma capacidade de atuar diretamente. Então, a Ciência Política serve para isso também. Além de trazer informações importantes sobre como as formações das instituições políticas se dão, ela também fala sobre as estruturas, que podem ser observadas e transformadas pela sua atuação, é claro.

Outro aspecto, que já foi iniciado lá no primeiro capítulo, é a importância da História. Para saber mais sobre política mundial e brasileira, você pode se aprofundar nela. A História é uma área fundamental para você saber das coisas que já fizeram, e preferivelmente não tentar cometer antigos erros. Há inúmeros caminhos para você conhecer o passado e projetar o futuro. Aproveite algumas indicações que já dei aqui e procure outras, principalmente sobre o local em que você atua. Elas vão fazer com quem você também entenda quem nos formou e em que momento estamos.

Mas, além dos estudos das estruturas políticas e do passado, para quem quer fazer política e liderar, é fundamental estar em contato com as discussões atuais. Por isso, jornais, portais de notícias e mesmo as redes sociais precisam ser pesquisadas. Siga pessoas que fazem uma curadoria de conteúdos importantes, assine *newsletters* de quem pode ajudar você a compreender o momento político, no seu local, no Estado, no Brasil e no mundo.


## Como organizar o conhecimento

Uma maneira interessante de organizar aquilo que você deve conhecer é a que eu vou apresentar agora. É claro que isso não precisa ser uma regra, mas pode ajudar você, no caderno, no bloco de notas ou no aplicativo de organização de tarefas. Eu costumo dividir a preparação para lideranças políticas em três partes fundamentais:

**Conteúdos de formação**

Os conteúdos de formação são as leituras e os contatos com temas que vão construir a base da sua liderança. Alguns deles já foram citados aqui. Ciência e Filosofia Política, História, Estratégias, Marketing Político, Gestão Pública, tudo isso está nesta parte.

Esses conteúdos são aqueles comuns para a maioria das pessoas que querem fazer política. Você pode, se tiver tempo, se aprofundar, fazer um curso universitário, uma pós-graduação. Mas também pode ler bastante e saber muito por conta própria. Este livro, por exemplo, que fala de estratégias, de comunicação e de formação de liderança, é um conteúdo de formação.

A preocupação com esse tipo de conteúdo, infelizmente, é pouco valorizada por grande parte das lideranças políticas no Brasil. Por isso, às vezes, temos tantos problemas nas atuações. Mas é claro que você, que decidiu organizar a sua carreira política, não vai deixar isso de lado. Portanto, sempre que puder, dedique algumas horas da sua semana para ler gente interessante, que pensa ou pensou a política, o cuidado com a coisa pública e tudo o que pode formar as bases da sua atuação.

Uma boa maneira de ter contato com esses conteúdos é lendo gente inspiradora. Líderes políticos do passado, pessoas pelas quais você tem admiração pela atuação, governantes que fizeram a diferença nas suas épocas. Eles podem ser referências mais ligadas aos fatos, e menos à teorização.

Mas é claro que, com o passar do tempo, quanto mais você puder compreender dos cenários políticos, melhor. Um exemplo de conteúdo importante para você entender do cenário político brasileiro, por exemplo, para se aprofundar de verdade na Ciência Política, é o livro Representação Política e Sistema Eleitoral no Brasil, da professora Maria D'Alva Gil Kinzo, com quem tive o prazer de ter aulas na USP. É um texto essencial para compreender sobre os partidos políticos e as formas como se dão as eleições. Esse é um passo fundamental para quem está organizando a liderança.

Outro estudioso importante da vida política brasileira e das transformações das últimas décadas é o cientista político André Singer, outro que foi meu professor. Ele é um pensador importante para entender as dinâmicas da interação das forças políticas e os seus reflexos nas eleições.

Este tipo de conhecimento, para a formação da sua liderança, não está só nos livros. Tem muita gente boa falando sobre esses temas em vídeos no YouTube e em *posts* nas redes sociais. Portanto, é uma questão de observar, procurar e encontrar bons conteúdos.

**Conteúdos de informação**

Já que falamos das redes sociais, outra coisa fundamental, que todos que querem desenvolver liderança política têm que fazer, é organizar o contato com a atualidade. Então, não existe líder que não se interessa pelo que está na imprensa, nas redes e no pensamento dos grupos políticos que disputam o poder. Saber como estão as coisas pelo mundo atualmente é essencial para você poder desenvolver a sua atuação. Quanto mais informação, mais conectado você vai estar. E isso se relaciona também com a sua região, a sua cidade, a sua comunidade.

Nos últimos tempos, há muitas discussões sobre a credibilidade das fontes, e uma invasão terrível das *fakenews*. Portanto, você precisa desenvolver uma capacidade de leitura neutra, mesmo que a sua atuação não seja. Afinal, se o seu modo de ver o mundo influencia a forma como você se comunica com o seu público, tentando argumentar a partir do seu campo ideológico, não adianta você só ler quem concorda com você, nos jornais e nos perfis nas redes que repetem apenas uma forma de ver o mundo.

Quanto mais você tiver tranquilidade para ler a pluralidade das opiniões e das formas de apresentar a atualidade, mais vai estar preparado para atuar na interação com os seus públicos.

Portanto, entenda que a hora de ter informações, de entrar em contato com conteúdos, não é a hora de militar, de tentar convencer a qualquer custo, de "lacrar". Uma das principais características do líder político é saber ouvir, observar, compreender, antes de se posicionar e falar.

Os grandes portais de notícias, as redes de televisão líderes de audiência, mesmo que estejam perdendo força devido à chegada das redes sociais, ainda são os principais definidores do que é notícia.

Portanto, mesmo que você odeie a Globo, a Folha de S. Paulo ou a Veja, elas ainda têm capacidade de pautar grande parte das discussões da sociedade.

E, embora dê vontade de usar como referência apenas aqueles com os quais a gente concorda, tome muito cuidado com as *fakenews*. Elas podem ajudar a destruir a imagem dos adversários (note que não me referi a eles como inimigos), mas também destroem a imagem de quem as espalha. Então, se você desconfia de uma notícia, verifique se ela é verdadeira observando outros veículos de comunicação. E, se você tem certeza de que ela é falsa, apague e não envie. Afinal, você é liderança. Mesmo que os seus apoiadores utilizem essas notícias para falar mal dos adversários, você não pode fazer isso.

E, já que estamos falando desse tema, um dos grandes livros que falam do cenário que estamos vivendo é o Opiniões Voláteis, do professor (meu colega e amigo) Luiz Alberto de Farias. Vale a pena a leitura para quem quer se aprofundar no fenômeno.

## Conteúdos de atuação

Nem só de entender sobre o cenário político (conteúdos de formação) e da atualidade (conteúdos de informação) vive uma liderança. Ela deve entender principalmente sobre os motivos pelos quais o seu projeto existe, sobre quais futuros podem ser oferecidos às pessoas. Por isso, são fundamentais os que eu chamo de conteúdos de atuação, que são as informações que você deve ter para desenvolver as suas bandeiras e pautas políticas.

Se você trabalha com saúde, por exemplo, precisa entender tudo o que está acontecendo na área, fazer cursos, participar de eventos, palestras, entre tantas outras coisas. Se trabalha com educação, a mesma coisa. Tudo o que é fundamental para que as pessoas vejam você como uma referência na área.

Não adianta dizer que está trabalhando sobre um determinado tema se você não é, na região em que você atua, uma referência sobre ele. Eu conheço gente que vê um tema que tem certa importância nas redes e pensa: "vou falar sobre isso também, para conseguir engajamento e votos". Bobagem! Você tem que atuar com aquilo que conhece, se atualizando sempre. Ou então se preparar muito para fazer frente a quem já atua e tem autoridade sobre o assunto.

Há algum tempo, ficaram famosas as campanhas eleitorais de gente que se dizia defensora dos animais. É claro que este é um tema importante, mas não é porque você tem um cachorro ou um gato que pode dizer que é autoridade. Tem que ter atuação, trabalhar na defesa, no resgate de animais que passam por maus-tratos ou até mesmo ser um médico veterinário e fazer atendimento gratuito.

Então, os conteúdos de atuação são aqueles que fazem você ter capacidade de ser autoridade no desenvolvimento de políticas públicas. Porque não adianta também dizer que você é especialista e líder na área da saúde só porque é enfermeiro. Tem que saber o que existe na legislação, quais são os projetos na Câmara dos Vereadores da sua cidade, quais são os investimentos feitos pelo Estado, como estão os movimentos no Ministério da Saúde. Por isso, os conteúdos de atuação são fundamentais: eles dão suporte para o dia a dia na interação com o seu projeto político. E, como sabemos, projeto é aquilo que a liderança consegue entregar para as pessoas como construção de expectativas, de futuro.

## Observe os conhecimentos que você já tem e faça um planejamento do que precisa

Em todos os casos, sempre lembre-se de ler e ouvir quem destoa do que você pensa. Não é porque você se considera de esquerda ou de direita que não vai ouvir o outro lado, ou todos os lados. Afinal, política não é apenas uma apresentação de contrários. É um arco-íris com diversas cores, em que é possível encontrar nichos de pensamento e ação que você nem imagina.

A oportunidade interessante é que podemos ter contato com vários movimentos e formas de ver o mundo na internet. O enriquecimento do ambiente político ajudou a democracia, mas exige que a cada dia estejamos antenados com o que está sendo discutido, pensado, apresentado como construção de futuro para as pessoas.

Por isso, organize seu tempo para ter contato com conteúdos importantes. Você precisa ver o que estão discutindo no Facebook, no Instagram e nos grupos de WhatsApp? É claro que sim! Mas não pode ficar o tempo todo vendo esses conteúdos. Precisa ter seu tempo de entrar em contato com conteúdos mais profundos, artigos em jornais e portais de notícias, pesquisas científicas ligadas às áreas em que você atua. Tudo isso para que você não caia em uma grande armadilha, que é a pessoa que repete somente o que vê nas redes. Isso pode não fazer mal para as pessoas comuns, mas líderes precisam ter profundidade.

No seu ambiente, observe principalmente aqueles que podem ser seus concorrentes. É claro que você não vai fazer isso para detratar, para brigar nas redes, mas principalmente para saber como atuar e ocupar espaços que ainda estão disponíveis. Liderança política é principalmente a capacidade de ocupar espaços que ainda não estão ocupados, ou que estão mal ocupados, por gente que não consegue dar conta de falar sobre a construção de um futuro melhor.

Mais tarde, nos próximos capítulos, quando falarmos de posicionamento, isso ficará mais claro. Afinal, como você quer ser visto?

Para finalizar esta conversa, vamos organizar. Quais perguntas você pode se fazer no processo de preparação para a liderança? Quais conteúdos fazem parte do seu dia a dia hoje? Então, pergunte-se:

- Você compreendeu de verdade que tem que estudar muito para ser uma liderança política? Está se preparando para isso?
- Está disponível para dedicar um tempo do seu dia (todos os dias) para se atualizar sobre o que está acontecendo?
- Também pensa em desenvolver conhecimentos mais profundos de Ciência Política e História, estudando os clássicos, os pensadores contemporâneos e dedicando-se para fazer cursos e participar de eventos?
- Sabe que vai precisar estudar também temas técnicos específicos da gestão pública, para conseguir apresentar propostas que façam sentido e possam ser executadas?
- Entende que, mesmo que você seja autoridade sobre um tema de atuação, precisa se atualizar sempre?

Então, se você já se preparou para tudo isso, agora é hora de organizar o tempo. E uma das mais importantes capacidades de uma liderança é o controle do tempo.

# 3 – Entenda as pessoas!

## Política é feita de gente

Talvez eu não tenha dito antes, e foi falha minha. Então, digo agora: se você não gosta de gente, não faça política. Isso não quer dizer que você deva gostar de abraçar crianças, idosos e todo o mundo pelas ruas, mas precisa saber que toda a sua atuação tem que ser pensada na construção de futuros melhores. Para quem? Para as pessoas!

E pode ser que alguém esteja lendo isso agora e dizendo: "que bobagem!" Se você pensa assim, quero fazer uma observação simples. Quando digo que não existe espaço na política para quem não gosta de gente, é porque é impossível manter uma carreira sem a possibilidade de falar sobre futuro, sobre o que está por vir, sobre o que é possível construir. É da percepção de futuro, por exemplo, que vem a palavra mais importante para quem quer fazer política: projeto. Sim, projetar é mandar à frente, é construir o futuro.

Quando falamos de futuros melhores, precisamos de gente para acreditar, para construir os projetos juntos, para multiplicar as ideias, apoiar, financiar, defender e até mesmo para votar. Portanto, se não há preocupação com gente, não há projeto político. Não tem jeito!

"Ah, mas eu quero mesmo fazer política para ganhar dinheiro!" Ok, não há problema nenhum nisso também. Como já dissemos aqui, liderança política é carreira, é trabalho. E, sendo trabalho, o ideal é que a gente ganhe dinheiro para fazer. Porém, se a gente voltar aos motivos pelos quais se faz política, sobre os quais falamos lá no primeiro capítulo, as pessoas só abrem mão de uma parte das suas possibilidades de decisão para que outras pessoas façam isso para elas se elas encontrarem motivo, confiança, percepção de melhoria.

Funciona como qualquer outra profissão. Você só paga o pão para alguém porque é mais fácil deixar a pessoa que sabe fazer pão entregá-lo para você, certo? Consequentemente, você dá uma parte da renda que você tem em outra atividade para pagar o pão. Então, as pessoas abrem mão de organizar uma parte do futuro para que você organize para elas. Consequentemente, você tem direito a um pagamento por isso. Entendeu?

Mas, assim como você não daria dinheiro para quem não entrega pão, as pessoas também não querem entregar dinheiro para lideranças que não entregam futuro. Lição de economia básica!

Embora a explicação pareça simples, ela não é. Afinal, pão é pão, está lá, você vai comer. Assim como um serviço, que é prestado na hora e você paga por ele. Política é, sim, muito diferente. Como ela trata de algo que não é palpável nem perceptível no curto prazo, você tem que entregar algo que possa garantir que o futuro vai acontecer: principalmente discurso.

Então, você tem que, além de gostar de gente, para fazer política, construir discursos que deem conta de que as pessoas confiem em você, deem parte do que elas têm de recursos para você desenvolver esse trabalho.

Porém, se você quiser (ou pegar) mais recursos do que as pessoas estão dispostas a pagar, vai ter problemas. Porque, no fim das contas, ninguém quer ser enganado. As pessoas querem ter a tranquilidade de acordar cedinho e ter pão quente. Assim como as pessoas querem que a vida delas esteja melhor daqui a algum tempo, sem que alguém roube os recursos delas.

Agora parece complicado, e é. Por isso, o motivo pelo qual a gente discute política por tanto tempo em um livro como esse (e em tantos outros) é justamente para que se possa ter uma ideia clara de que uma liderança precisa entregar algo que as pessoas compreendam como benefício para o futuro. E quanto mais clara for a comunicação desse benefício, mais as pessoas vão se interessar pela liderança. Porque, se não houver essa preocupação, não há política.


## A noção de equilíbrio

Em geral, quando a gente fala de estratégia política, uma palavra se destaca: marketing. É o tal do marketing político, que tanta gente fala sobre e pouca gente entende. Isso porque, na maior parte das vezes, em vez de falar de estratégia para a política em si, o que as pessoas falam quando usam esse termo é sobre comunicação. Mas, se tem algo importante do marketing na construção da liderança política, é a ideia de equilíbrio. E essa ideia está presente em diversos clássicos do pensamento de marketing, de Philip Kotler a Mitsuru Yanaze.

No marketing de produtos, o equilíbrio se dá entre os desejos, as necessidades e as expectativas dos públicos e os potenciais dos produtos, basicamente. Porém, como um produto é algo estável, isto é, está lá à disposição em uma gôndola de supermercado, esse equilíbrio é mais fácil de alcançar. Afinal, somente o outro lado, ou seja, os consumidores, pode se modificar com o tempo. A observação, com certeza, é mais fácil.

Na política, porém, esse equilíbrio é mais complexo, porque os processos são dinâmicos dos dois (ou muitos mais) lados. Tudo pode mudar a cada dia, a cada nova informação, ao sabor de opiniões e percepções sobre o ambiente, seja no local, nas tendências ideológicas do país ou na construção da política mundial.

Imagine que, então, o objeto de análise para o desenvolvimento de estratégia é algo que não dá para ter uma certeza exata de como está. Sempre, vamos observar o que já aconteceu, e tentar criar cenários a partir daquilo que prevemos, mas nunca ter informações exatas. Isso pode parecer um desafio impossível de encarar para alguns, mas é justamente o que apaixona quem gosta de trabalhar com política.

Por isso, vamos detalhar mais a partir do próximo capítulo cada uma das partes que devem ser analisadas. Principalmente porque, além dos públicos finais que são os cidadãos-eleitores (com todas as suas características), existem muitos outros, como os idealizadores, os apoiadores, os financiadores, os influenciadores, todos os que podem estar ao lado do seu projeto. E, claro, também tem as estruturas institucionais, que são formadas por pessoas: os partidos, as associações, os sindicatos. Toda a instabilidade do que podemos chamar de *stakeholders* é o objeto com o qual temos que lidar. E procurar o equilíbrio, é claro!

Mas equilíbrio de quê, afinal? Vamos lá! Pense sempre que todos os públicos com os quais você (e seu projeto político) interage têm desejos e necessidades, que são aquelas questões que no presente apresentam a possibilidade de realização. Seu projeto político precisa trazer respostas claras para esses problemas, ou parte deles. Porém, seus públicos também se movimentam por causa das expectativas e esperanças, ou seja, aquilo que está um pouco (ou muito) mais distante, que faz parte da construção do futuro.

Portanto, lembre-se sempre dessas quatro palavras: necessidades e desejos, expectativas e esperanças. Elas formam pares, quando ligadas ao tempo, pois necessidades e desejos estão mais próximas, enquanto expectativas e esperanças estão mais distantes. Mas, se você observar bem, elas podem fazer outros pares: necessidades e expectativas, que são as relações racionais, ou seja, aquilo que é mensurável e mais objetivo, e desejos e esperanças, que são mais relacionadas às questões emocionais.

Sim, este é um grande desafio. Tratar do tempo (presente e futuro) e da forma de lidar com o que se espera (abordagem racional e emocional). Mas a pergunta continua: com o que é que as necessidades, os desejos, as expectativas e as esperanças dos seus públicos devem se equilibrar?

Basicamente, com os potenciais do seu projeto político. Porém, como ele também é formado por gente, inclusive por você, que é líder, o projeto também representa suas necessidades, seus desejos, suas expectativas e suas esperanças. Portanto, a ideia de que um projeto político pode ser um produto a ser entregue de forma totalmente racional, com gráficos e planejamento estratégico claro, não é verdadeira. Afinal, como tudo o que é humano, seu projeto político tem uma série de limitações e instabilidades.

## Organizar pessoas e demandas

Mas então o tal do equilíbrio é fazer tudo o que as pessoas que podem manter o projeto político querem? Poderia ser simples assim, mas também não é. Isso porque a principal capacidade de um líder político, e consequentemente do projeto que ele lidera, é organizar as pessoas e as demandas. Então, a noção de equilíbrio deve tender ao que é possível, e não ao que é desejável. Esse talvez seja o grande segredo de quem faz política no longo prazo.

Primeiramente, há um problema conceitual. Se você não notou ainda, sempre (ou quase sempre) falo aqui de públicos, pessoas, usando o plural. E isso serve para tirar da frente aquela noção de público-alvo, que faz muita gente acreditar que dá para unificar as expectativas e as esperanças. O equilíbrio deve ser entre tudo o que pensam todos. É difícil de gerir, e por isso é tão desafiante e tão interessante.

Públicos diferentes têm necessidades e desejos diferentes. E, se você for pensar em expectativas e esperanças, as diferenças tendem a ser individuais. Não dá para pensar que o seu projeto político vai dar conta de atender demandas individuais. Portanto, o seu papel, como líder político, é encontrar o equilíbrio para que as pessoas possam, neste momento, ficar satisfeitas com aquilo que é proposto. Mas note que eu falei "neste momento", porque, como tudo o que acontece quando tratamos das questões sociais, elas precisam ser geridas o tempo todo.

Vamos pensar que você está em uma cidade que precisa de um hospital. É claro que todos, ou quase todos, podem concordar com isso. No entanto, na hora em que você, como liderança política, for definir onde o hospital vai ser construído, as coisas vão se modificar. Cada grupo de pessoas vai ter um interesse. Vai ter gente querendo o hospital perto, mas também vai ter gente querendo o hospital longe. Afinal, hospitais aumentam o fluxo de automóveis, complicam o trânsito, mas trazem oportunidade para exploração de estacionamentos. E também tem os donos das farmácias e dos restaurantes. Quem tiver o hospital mais perto tende a ter mais movimento e mais receita.

Notou, então? Só falamos de alguns grupos e mesmo assim já temos problemas. E mais: falamos da construção de um hospital, que aparentemente é uma notícia positiva. O papel da liderança política é fazer com que haja a maior concordância possível, porque é impossível que todos saiam contentes. Não tem jeito, não dá para agradar a todos. Se isso serve para a vida, é ainda mais útil para quem é líder político.

Portanto, o seu papel é observar as demandas, organizá-las e tratar para que o melhor aconteça, com o maior equilíbrio possível entre os seus potenciais (além das suas necessidades como projeto político) e as necessidades e desejos dos públicos. Afinal, você também vai desejar (e precisar) que eles continuem apoiando o seu projeto e votando em você.

Organizar demandas e pessoas, então, é o maior papel de qualquer liderança. Além é claro, de buscar o equilíbrio possível entre essas pessoas. Porém, tem gente que quer facilitar as coisas, que diz que apenas agitar as pessoas para que demandem sempre pode ser um objetivo político. Até pode, mas aí é uma questão estratégica. Sua intenção é ser um líder que questiona e ajuda a questionar? Ou você quer que mais tarde o seu projeto político também esteja entre as possibilidades para a realização de políticas públicas? São perfis de liderança e de projetos políticos diferentes. Embora eles possam sobreviver no longo prazo, os projetos que só organizam os questionamentos tendem a ter vida mais curta, porque, ao evitar a resolução dos problemas, podem ser substituídos por projetos que são mais barulhentos e conseguem chamar mais atenção.

Você deve conhecer projetos políticos e líderes que passam o tempo todo criticando e nunca apresentam soluções. E nem mesmo tentam alcançar postos no Poder Executivo, justamente por não querer correr o risco de serem questionados. Se você é um desses, tudo bem. Porém, tome cuidado com o futuro.


## Formas de observação

Quando falamos na capacidade de organizar pessoas e demandas, um dos desafios é entender quem são as pessoas e quais são as suas demandas. Por isso, a capacidade de observação é um aspecto fundamental para quem faz a gestão de projetos políticos. Além de saber quem são as pessoas que estão na ponta do processo, que são os cidadãos em todas as suas formas de atuação, você também tem que ter a capacidade de compreender algo que já foi dito, mas precisa ser organizado: o próprio projeto político é formado por pessoas, que têm interesses e objetivos.

Portanto, entenda que a maior parte do tempo da liderança deve ser usada na observação das pessoas que estão próximas e de toda a cadeia até chegar em quem pode votar e manter o projeto político relevante. Por isso, organize muito bem o ambiente de observação.

Tenha pessoas que consigam ter a capacidade de entender o que acontece nas ruas, nos eventos, nos bares, nas padarias, nas feiras livres e também nas redes sociais. Isso você pode fazer com tratamento profissional, com a contratação de institutos de pesquisa e de equipes de monitoramento de redes sociais, mas principalmente deve ser feito por quem vive o projeto político.

Há uma coisa que faço sempre que alguém diz que quer desenvolver um projeto político e assumir a liderança: marco um café na padaria mais próxima de onde a pessoa mora. Pode parecer uma bobagem, e realmente é uma observação que não tem validade científica, mas com certeza pode demonstrar tendências. Se, ao chegar à padaria, a pessoa é reconhecida, cumprimentada, abraçada, isso pode demonstrar que a liderança já começou a acontecer. Se, ao contrário, ninguém a conhecer, o trabalho deve começar urgentemente. Ok, você pode estar dizendo que a pessoa pode ser uma liderança temática e ter uma ótima presença nas redes, por exemplo. É verdade, mas isso mostra que qualquer lugar, qualquer momento é oportunidade de observação.

Outro ponto já levantado é que seus públicos não são somente aqueles que concordam com você, que estão de acordo. Por isso, observe também quem pensa diferente, quem pode ajudar a construir a sua argumentação. Afinal, não é possível aprender nada sobre convencimento com quem concorda com a gente. Ao contrário, quem discorda nos ajuda muito na reflexão da nossa forma de ver o mundo e nas resoluções possíveis para problemas reais.

Isso é importante porque, se você está começando a organizar a sua liderança política agora, precisa entender que ela vai se estender por muito tempo, provavelmente até o final da sua vida. E até lá vão acontecer tantos movimentos que pessoas que têm diferentes pontos de vista agora podem estar ao seu lado daqui a algum tempo. O ex-presidente da Câmara Ulysses Guimarães, famoso por ter liderado a nossa Constituição, dizia: "Se você não pode fazer um amigo, não faça um inimigo."

Por isso, comece a organizar a sua liderança também na observação das pessoas e das demandas. E pergunte-se: você sabe quais são as ferramentas de observação e pesquisa para começar a compreender os públicos com os quais vai trabalhar neste momento, no início da sua trajetória como liderança política?

E encare outro desafio, sobre o qual a gente vai começar a conversar melhor no próximo capítulo: você consegue dividir seus principais públicos em grupos de pessoas com comportamentos parecidos e interesses comuns?

Essas duas respostas são essenciais para a gestão de públicos, de interesses e de temáticas, em que as suas características, a sua história e a sua experiência podem ser colocadas à prova para se equilibrar com tudo aquilo que as pessoas esperam para os ambientes em que vivem.

# 4 – Organize os públicos

## Pessoas ou públicos?

O capítulo anterior tem a palavra "pessoas" no título, e este tem "públicos". Isso acontece por um motivo: pessoas têm alma, mas não podem ser reduzidas a categorias de análise. Então, quando formos falar de públicos com mais profundidade, sempre temos que pensar em tipos ideais, um conceito que as ciências sociais usam para dar uma forma mais estável para aquilo que não para nunca, que se movimenta sempre, queiramos ou não. Isto é, começamos assumindo que, por mais que possamos analisar públicos, que são as categorias construídas para a observação, as pessoas estão se modificando o tempo todo, dentro de seus grupos e fora deles.

Mais uma vez, você pode se desesperar e dizer: "mas como eu vou trabalhar com algo que nunca sei como está?" E repito que é aí que a paixão pela política (e por todos os assuntos sociais) é interessante. Ela parte de um pressuposto que nada é estável, e a gente tem que, como observador do mundo, tentar entender as tendências, completar informações que as pesquisas nos dão, trabalhar uma certa intuição para saber quais vão ser os interesses das pessoas.

Isso também quer dizer que a liderança política tem que saber "ler" as pessoas, entender aquilo que elas querem. Porém, na hora da análise e do planejamento estratégico, para que todos que fazem parte do desenvolvimento compreenda, a gente tem que tratar como públicos, com interesses diversos, mas que podem ser colocados em categorias de análise, as "caixinhas" para que o trabalho seja possível. Porque, senão, teríamos que conversar individualmente. Embora isso seja uma tendência, principalmente com a cauda longa da internet, das redes sociais e do mundo virtual (sim, isso inclui o ainda indefinível metaverso), ainda temos que conversar com grupos.

Portanto, mãos à obra. Temos que começar a organizar aquilo tudo sobre o qual falamos: desejos, necessidades, esperanças, expectativas e muito mais, inclusive sonhos. Então, para que o seu projeto político faça sentido, um dos passos iniciais é entender quais são os públicos. Mais especificamente, quais são as pessoas com as quais você interage e como elas podem ser organizadas a partir de características comuns.

E aqui vale lembrar algo fundamental: se não há uma observação correta dos públicos, não existe nenhuma possibilidade de compreensão deles e, consequentemente, não haverá uma construção de sentido nem na ação do seu projeto político nem no discurso de quem tem a função de representá-lo. Deu para entender o tamanho da responsabilidade?

Por isso, organização é a palavra mais importante, além daquilo tudo que já falamos, principalmente a capacidade de observação. Isso quer dizer que, se você não fizer as divisões corretas, a partir das características dos seus públicos, corre um sério risco de errar. E errar os públicos é errar o projeto inteiro. Por isso, evite a tentação de usar modelos de análise prontos. Embora eles estejam por aí e sejam mais baratos, porque alguém já o fez e publicou em um livro ou em um *post* no Instagram, você vai ter que separar seus públicos do seu jeito. Ou melhor, do jeito deles.

E, agora sim, falando sobre o que deve ser feito, vale retomar a ideia de que os públicos podem ser divididos de diversas formas, e sempre algumas são mais inteligentes do que outras. Você pode fazer uma divisão "quadrada" dos públicos, de acordo com gênero, faixa etária e classe socioeconômica, aquilo que sempre está nos manuais. Porém, preciso informar que, mesmo que isso sirva para as análises iniciais dos seus públicos, é melhor começar a pensar em divisões comportamentais, culturais e ligadas àquilo que eles esperam. Para ir longe na compreensão dos públicos, que é o que vai dar longevidade ao seu projeto político, tenha calma, respire fundo e trabalhe muito para compreender.

## Mas, afinal, quem são os públicos?

Sim, agora chegou a hora de organizar. E, para mim, essa é parte fundamental da formação do seu projeto político, e por isso vem antes da organização e da gestão dele. Quem são as pessoas que interagem com o que você tem a oferecer? Talvez você possa me dizer: todo o mundo! E é verdade, todo o mundo pode interagir com o seu projeto. Porém, na hora de organizar a análise, você precisa escolher quem são os que afetam e quem são os afetados mais importantes pelo seu projeto.

Por isso, lembre-se sempre de que, para que o projeto político faça sentido, entender quais são os públicos não pode ser deixado para depois. Repita como um mantra, todos os dias, em todas as reuniões com a equipe (que também é composta por públicos): se não há uma observação correta dos públicos, não existe nenhuma possibilidade de compreensão do seu projeto e, consequentemente, não haverá uma construção de sentido nem na ação nem no discurso.

Então, faça uma opção pelas experiências políticas e pela compreensão dos comportamentos dos seus públicos. Quais as relações que eles têm com os temas que você apresenta? Quais são as necessidades que eles têm em relação ao que o seu projeto promete como construção de futuro? Qual é a possibilidade de que eles façam parte do projeto? Por que eles poderiam defendê-lo, multiplicar as ações de comunicação e votar nele? Essas são perguntas que devem ser feitas para que você possa dividi-los da melhor forma. E, no fim dessas perguntas, com as devidas respostas, pode até ser que as questões de gênero, faixa etária e classe socioeconômica façam sentido. Mas elas não podem ser consideradas como fundamentais antes de aparecerem como formas de apresentação real dos seus públicos.

Vamos aos exemplos? Então, pense que você lidera um projeto que tem como objetivo levantar a bandeira da causa LGBTQIA+, trazendo possibilidades de construção de redes de apoio e lutando contra o preconceito. Por mais que esse tema possa ser levado para toda a sociedade, você deve fazer escolhas. E uma delas, para que o projeto aconteça, talvez seja falar com quem pode se interessar pelo tema ou já o discute nas redes sociais e nas interações pessoais. Portanto, não faz sentido dividir seus públicos de acordo com idade, gênero e renda, mas principalmente a partir das interações que já existem. São pessoas que sofrem com o preconceito? São familiares de pessoas LGBTQIA+? São amigos de pessoas LGBTQIA+? São pessoas que estão abertas a receber comunicação sobre o tema? São pessoas que ainda não têm opinião formada sobre o tema? Talvez essas possam ser as primeiras a serem impactadas pelo projeto, não tendo tanta importância a faixa etária ou a classe socioeconômica, por exemplo? Já as pessoas que se posicionam como detratoras das questões ligadas ao movimento LGBTQIA+ também são públicos, mas não para ação direta, e sim para observação, para que, a partir da visão dos adversários políticos, se possa definir estratégias.

Isso quer dizer que grupos adversários também são públicos? Claro que sim! São fundamentais para que se saiba como desenvolver os caminhos das estratégias. Afinal, política é lugar de debate e de embate. E, tão importante quanto conhecer e convencer quem está ou pode estar ao seu lado, é essencial compreender quem está dos outros lados todos.

Da mesma forma, uma liderança religiosa neopentecostal na periferia de uma grande cidade tem que fazer a divisão dos seus públicos de acordo com aspectos culturais, porque com certeza as características econômicas devem ser bem próximas. Por isso, você pode dividir os públicos em fiéis de longa data, em pessoas que só às vezes frequentam os cultos, recém-convertidos, vizinhos da comunidade religiosa que não a conhecem ainda. E também observar os detratores e adversários, para saber o que fazem e como se comunicam com os públicos.

Enfim, é essencial entender que, por mais que você já esteja cumprindo o seu papel de liderança, não sabe exatamente como pensam e como se comportam os seus públicos. Pode ter alguma ideia, uma ou outra tendência identificada, mas não pode achar que sabe o que eles fariam em diversos momentos da vida e da interação política.

Por isso, ao reconhecer uma certa ignorância sobre os públicos, estude-os, observe e, por fim, compreenda. É claro que essa compreensão sempre é limitada, como já dissemos aqui, mas quanto mais você tiver intimidade com dados dos públicos, melhor vai ser o seu planejamento estratégico, pois pode prever com mais tranquilidade e maior capacidade de acertar.

## E como fazer as análises?

É claro que, ao responder às perguntas sobre quem são seus públicos e quais são os mais importantes, você deve se perguntar: e agora? Então, aqui vão alguns detalhes para você anotar: faça pesquisas sempre, principalmente entendendo os métodos e os limites de observação. Enquetes nas redes sociais podem ser interessantes para ter uma ideia sobre como os seus públicos interagem com um determinado tema. Você deve saber que elas não têm validade científica para dar informações precisas de que proporção das pessoas pensam de um jeito ou de outro, afinal, a tendência, quando você usa as redes sociais, é falar com as bolhas, e elas são os fatores que mais complicam a percepção da realidade. Porém, essas enquetes podem mostrar caminhos, principalmente entre os defensores das ideias que você também defende.

As pesquisas com distribuição estatística são caras, mas muito importantes. Então, quando houver algum recurso financeiro no seu projeto político, não economize. Afinal, é mais importante gastar dinheiro para obter informações corretas do que para ações de comunicação sem foco, ou que não converse com o seu público.

Atualmente, há várias fontes de informação importantes, mas também com limites. O monitoramento das redes sociais é uma delas, tanto nos seus perfis quanto nos perfis dos concorrentes. Outros dados, como *trending topics* do Twitter e Google Trends, são importantes para mostrar que o seu discurso dá conta do que está acontecendo agora.

Uma forma interessante de trabalhar, para que você consiga organizar da melhor maneira os seus públicos, e organizá-los no que chamamos de **clusters**, ou seja, grupos de pessoas com características e interesses comuns. É um pouco difícil começar a defini-los, mas você vai ver que vale a pena. Pode ser que a princípio você tenha que mudar os clusters o tempo todo, mas depois eles vão tomando a forma correta, e com certeza eles vão ser importantes para você desenvolver principalmente a comunicação e a ação política. Nos casos que vimos agora, do líder religioso e do líder LGBTQIA+, os clusters básicos estão lá, nos grupos sobre os quais falamos.

Se quiser, veja alguns passos para você trabalhar:

- **Defina os clusters** iniciais com os quais você pode falar, de acordo com as características das pessoas na relação (ou na possível relação) com o seu projeto político.
- **Descreva** o máximo que puder em termos de **comportamento, preferências, tendências de pensamento**. Para isso, use uma planilha, que pode ser no Excel ou em um aplicativo de organização de tarefas, como o Notion ou o Trello.
- **Faça observações frequentes nas redes sociais** e na internet sobre o que pode ser interessante para eles, tanto na relação com o tema do seu projeto político como sobre outros interesses.
- **Interaja nos ambientes de participação** (eventos, igrejas, sindicatos, partidos ou qualquer outro), observando e fazendo notas sobre os temas que são falados, questionados e defendidos.

- ☐ **Observe** também **quem fala mal** do que você defende, quem são seus adversários e também quem são seus concorrentes, isto é, aqueles que podem substituir você na discussão do tema. Lembre-se: concorrentes não são adversários. Concorrentes são aqueles que pensam de forma parecida com você e podem roubar a atenção (e consequentemente o apoio e o voto) que seus públicos podem dar a você.

- ☐ **Entenda a divisão dos públicos** de forma a preparar o ambiente ideal para se comunicar com cada um deles, de acordo com interesses e comportamentos.

O importante é que você, como líder do projeto, e quem está perto na coordenação e na gestão, tenham acesso à análise e que ela seja viva, com a inclusão de novos clusters sempre que for necessário. Por isso, a planilha de gestão de públicos é a principal ferramenta para o trabalho de estratégia de um projeto político.

## Que tal começar?

Vamos relembrar mais uma vez: muito mais do que eleitores, os públicos podem ser diversos, com características e interesses diferentes. É claro que, como também já foi dito, em cada realidade, eles podem ser divididos de forma diferente. Mas você pode levar em consideração uma ideia básica. Veja esta, que pode servir como referência, mas não como modelo final para o seu caso:

- ☐ **Idealizadores** – são as pessoas que estão desenvolvendo as estratégias do projeto político com você, que são responsáveis pela estratégia e devem ser os primeiros informados sobre as decisões.

- **Apoiadores** (equipe, lideranças, empresas) – são as pessoas, ou mesmo as instituições, que destinam recursos (sociais, materiais, humanos) para que o projeto aconteça.

- **Financiadores** – fazem parte dos apoiadores, mas são especificamente as pessoas ou instituições que destinam recursos financeiros para que o projeto exista.

- **Promotores** (líderes, partidos, sindicatos, igrejas, etc.) – são outras lideranças e instituições que falam de você e do seu projeto para outros públicos.

- **Divulgadores** – pessoas comuns que falam de você e do projeto em conversas com amigos, conhecidos e familiares, nas redes sociais, em eventos e encontros.

- **Defensores** – aqueles que, além de divulgadores ou apoiadores, estão prontos para brigar pelas suas ideias em qualquer lugar, virtual ou real.

- **Simpatizantes** – pessoas que gostam do seu projeto, mas não fazem muita questão de dizer para todo o mundo.

- **Neutros** – pessoas que nem querem saber de política, e não se mostram muito interessados no seu projeto, mas podem ser conquistados.

- **Críticos** – pessoas que estão sempre prontas a criticar o que você ou os seus entusiastas dizem em todos os cantos, mas que não iniciam ações de comunicação, apenas respondem quando são provocados. Estão nas redes e nas interações pessoais.

- **Detratores** – pessoas que agem no intuito de "detonar" o seu projeto, porque em geral estão muito próximos de concorrentes diretos ou mesmo indiretos. Nas redes, são os famosos *haters*. Lembre-se de que eles podem ser adversários políticos ou não, dependendo dos interesses, principalmente os eleitorais.

Esses são alguns públicos que podem inspirar você na sua divisão, mas os clusters são muitos mais do que esses, porque eles levam em consideração também o nível de interesse das pessoas com os temas que você defende. Se você fizer um trabalho bem feito, vai descobrir muitos outros públicos.

E aí? Que tal fazer agora uma análise inicial dos seus públicos? Lembra-se que você pode fazer muito mais, dividindo por região, por interesses em bandeiras específicas. Porém, antes de começar, pergunte-se:

- Você já fez uma pesquisa informal entre as pessoas mais próximas para saber quais são os desejos de transformação do ambiente em que vivem?
- Consegue pensar em ideias iniciais para resolver esses problemas, usando as redes de contato existentes e sabendo como pressionar o poder público para que as políticas públicas sejam propostas e desenvolvidas?
- Já começou a fazer esses exercícios de como segmentar o seu público em clusters baseados em comportamentos e interesses?

Comece o trabalho o quanto antes. Absolutamente tudo o que tem a ver com o seu projeto, da sua agenda de eventos ao trabalho de aproximação com um partido político, tem a ver com essa capacidade de compreensão.

# 5 – Administre o projeto político

## O que é um projeto político?

Tem uma palavra que vive aparecendo por aqui: projeto. E, como já conversamos antes, o termo **projeto** vem de projetar, se lançar, ir adiante. E também de prever para onde se vai. Então, um projeto bem desenvolvido é sempre um texto sobre o futuro, a partir daquilo que se vê no presente. Mas um projeto não é um exercício de vidência, é uma construção do que é possível e do que é desejável a partir das informações que foram recolhidas das observações e da compreensão. E isso inclui pesquisas das mais diversas, quantitativas e qualitativas, mas também muita capacidade preditiva de quem analisa e desenvolve a liderança estratégica.

Eu uso dois termos a partir da palavra projeto que, na minha percepção, precisam estar na cabeça de quem quer assumir a liderança política. Um deles é **projeto de poder**, que é exatamente a forma como você pretende assumir o poder de organizar pessoas e demandas, como já falamos algumas vezes. Se você pretende dedicar a sua vida à política, precisa ter um projeto de poder. Tem gente que acha esse termo muito arrogante, e até mesmo perigoso, mas eu não tenho outra forma de nomear aquilo que tenta construir o futuro de quem quer ter liderança. Futuro é projeção, é projeto, e liderança é poder de influenciar e organizar. Portanto, tenha para você mesmo algo que se chama projeto de poder. Ou seja, um texto, uma planilha, um desenho, algo que represente o que você quer, quem você quer ser, aonde quer chegar. E isso pode incluir diversos prazos, dos mais curtos, ou aquilo que você quer para o próximo mês, aos mais longos, ou aquilo que você quer que as pessoas se lembrem da sua liderança quando você não estiver mais por aqui.

O outro termo, que tenho usado mais neste livro, desde o início destas nossas conversas, é **projeto político**, ou seja, a construção da sua liderança em contato com as forças que podem fazê-la existir, inclusive com outros projetos políticos, que podem sustentar ou ser sustentados pelo seu. O projeto político deve ser público, ou pelo menos ter uma cara pública, embora possa ter pontos estratégicos que não fiquem expostos desde o início. Porém, quem faz parte do seu projeto político com funções de organização, aqueles que foram chamados de idealizadores no capítulo anterior, devem ter o máximo de informações possíveis para poderem se dedicar. Até porque todos que estão no seu projeto político podem ter projetos de poder e querer também liderar os seus projetos políticos.

Não se preocupe em usar esses termos no seu dia a dia. Você pode ou não utilizá-los. Neste momento, eles servem para que a gente organize as informações. Afinal, o projeto político (ou o nome que você quiser dar para isso) que você lidera é o que você vai apresentar para os públicos, para que eles apoiem, critiquem, defendam, detratem e até mesmo votem. Se pensarmos nas definições clássicas de marketing, nos quatro Ps do Jerome McCarthy (não, eles não são do Philip Kotler!), o projeto político é o P de Produto. É aquilo que tem que ter forma para ser apresentado para as pessoas. Então, prepare-se para dar a ele a melhor forma possível.

Porém, além de ser produto, seu projeto político também é a empresa que você (ou alguém) administra. Sim, não se esqueça de que tem que ter profissionalismo quando se trata da coisa pública, do desenvolvimento da democracia, da pretensão de assumir uma liderança política. Portanto, um projeto político, assim como qualquer empresa, exige recursos humanos, financeiros e materiais. Por isso, você deve ser um administrador. Se não for, precisa nomear um, para que, a partir das suas percepções do mundo e da sua liderança, ele toque a empresa, o dia a dia, os processos.

Então, isso quer dizer que, no momento em que você decidiu que vai fazer política, optou também por encarar esse desafio que, para alguns, é um inconveniente: a ideia de liderar um empreendimento. Mas você pode perguntar: "e se eu deixar rolar e ir de acordo com os ventos?" Isso pode até levar você a algum lugar, mas não vai resolver o problema, que é ter um lugar (ou uma ideia específica) no futuro. Por isso, não questione muito agora. Você deve pensar que precisa de um projeto político que seja organizado como empresa e se apresente como produto para os públicos.

Para quem vê a atuação política como uma forma de sair dos ambientes corporativos, ou pensa que só a ideologia pode levar longe, é melhor repensar. Não dá para fazer as coisas de qualquer jeito. A competência na administração é fundamental para o sucesso de qualquer objetivo político, principalmente dos objetivos eleitorais. Existem inúmeros casos de pessoas bem intencionadas que não conseguiram chegar a lugar algum porque não souberam (ou não tiveram quem) administrar o projeto político.

Além de tudo isso, um projeto político precisa ser observado o tempo todo, com um olhar para dentro constante. Porque, no final das contas, ele é composto por pessoas, e por isso ele também tende a mudar o tempo todo, como já dissemos. É necessário saber sempre de onde veio, as competências que fazem parte dele, as possibilidades de interação, porque tudo isso tem que fazer sentido quando ele for apresentado como produto, quando for comunicado.

## Gestão do projeto político

Então, estamos combinados que, se projeto político é empresa, ele precisa de organização e gestão, e não adianta você achar que é só ter uma boa ideia e sair pedindo votos. Se ele vai ter a gestão, outra informação é importante: em geral, os líderes dos processos dentro dos grandes projetos políticos não são as mesmas pessoas que aparecem nas campanhas sendo candidatas. Portanto, vale repetir que, se você é líder político, pense no seu entorno e, preferencialmente, delegue a liderança da "empresa" do projeto político para alguém que tenha capacidade de administração.

Se você ainda acha essa ideia estranha, observe bem. Você em geral consegue ver gestores competentes de equipes e de processos ao lado das grandes lideranças políticas. Pense naquelas que você admira. Já notou que tem gente boa em volta delas (e principalmente ao lado) administrando o projeto? Então, se você vai começar a desenvolver o projeto político, seja um inspirador, e arranje alguém bom de trabalho para gerir.

Para que o trabalho fique organizado, você precisa definir passos iniciais como em qualquer negócio. Então, que tal começar na forma do projeto, nas inspirações, nos propósitos, nas bases? Junte as pessoas que idealizam o projeto com você e comece a fazer reuniões para aquilo que o pessoal de metodologias ágeis e *design thinking* chama de ideação. Discuta, coloque ideias em post-its, faça votações entre o pessoal dessa equipe pequena, teste algumas ideias com uma turma um pouco maior, faça tudo para que as coisas tenham sentido. Mas não se esqueça: tudo deve partir daquilo que você acredita, dos motivos pelos quais você originalmente está desenvolvendo a sua liderança.

Para organizar, vamos a alguns passos para o desenvolvimento e a gestão do projeto político, que você pode trabalhar durante todo o tempo:

- Primeiramente, **crie uma equipe inicial de trabalho**. Essas pessoas, que são as idealizadoras, são aquelas que já foram convencidas de que você pode e deve liderar um projeto político. Podem ser poucos, e preferencialmente devem ser, afinal, não dá para fazer com que suas reuniões de trabalho sejam sempre uma assembleia. Quer um número? Eu acredito que essas equipes devem ter no máximo cinco pessoas, preferencialmente voluntárias, que tenham capacidades de observação complementares. Não vale ter todo o mundo que pensa da mesma forma para não ter trabalho, porque seu projeto vai tender a ficar com a cara de todo o mundo e nunca ser questionado.

- **Desenvolva alguns textos iniciais**, que deem conta da missão, visão e valores. Parece coisa antiga, mas esses textos podem ser importantes para que sejam parte do manifesto do que você está construindo. Lembre-se de que missão é o motivo pelo qual o projeto existe, o que ele nasceu para fazer: representar uma bandeira, desenvolver políticas públicas em uma área, entre tantos outros motivos. Tente fazer isso em poucas linhas. Visão é a forma como o projeto vê o mundo, qual é o posicionamento ideológico, com ênfase no momento atual, deixando claro de que lado está. Valores são os limites éticos e aquilo em que as pessoas que vão adotar o projeto político devem acreditar. Pense que esses textos preferencialmente são estáveis durante algum tempo, não podem mudar todos os dias. Mas não há problemas se às vezes houver uma visita a eles.

- Como vamos ver com mais detalhes no próximo capítulo, administrar o projeto político inclui **definir objetivos de longo, médio e curto prazos**. Note que a sequência começa pelos de longo prazo, porque são eles que vão fazer sentido para os de médio e os de curto prazo. Não existe projeto político que começa com objetivos de curto prazo, porque em geral eles ficam inalcançáveis sem uma visão mais longa. Portanto, se você está desenvolvendo o projeto político só para ter um cargo na próxima eleição, talvez você precise de outra ajuda, e não de estratégia política.

- **Transforme os objetivos em metas quantificáveis**, para que se possa saber quais são os possíveis caminhos para alcançá-los, o que é o papel fundamental do planejamento estratégico. É claro que, quanto mais próximo é o objetivo, mais fácil fica para definir metas quantificáveis: número de seguidores, número de votos na primeira eleição, etc. Então, tente fazer isso: comece definindo os objetivos dos mais distantes para os mais próximos; na hora de quantificar e transformar em metas, faça o contrário.

- ☐ **Crie agendas e cronogramas**, para que as metas e os objetivos consigam ser transformados em ações reais: eventos, visitas, reuniões, *posts*, *lives*, etc.

- ☐ **Defina as funções** e **desenhe um organograma**, para que as pessoas saibam onde estão e o que devem fazer. Senão, todos vão querer fazer aquilo que gostam. Parece bacana, mas não dá certo. Projeto político é empresa, o que significa que as pessoas que estão nele trabalham.

- ☐ **Desenvolva processos em fluxogramas**, o que também ajuda para que todos saibam como as coisas devem acontecer. Porém, não faça isso de forma a afastar as pessoas do dia a dia. Converse, lidere, desenvolva boas relações com quem está no projeto, principalmente enquanto ele é pequeno e depende muito mais de voluntários. Se você já terceirizou a liderança dos processos, deixe essa parte com quem faz a gestão. Lideranças políticas tendem a se desgastar quando entram de forma tão direta no dia a dia da gestão. Não é à toa que o principal ator da gestão de um mandato é o chefe de gabinete, e não o líder político.

Parece chato? Não é, mas é trabalhoso. Afinal, na vida, nos negócios e também na política, não dá para chegar em qualquer lugar sem processos que funcionem. Outra questão fundamental é que o ambiente de gestão e desenvolvimento do projeto político deve ter um trabalho de comunicação administrativa muito competente. Além da liderança que pode fazer esse papel, os aplicativos que existem hoje em dia facilitam muito tudo isso: aqueles que eu já citei, Notion, Trello e tantos outros.

## Lembre-se: ninguém trabalha de graça!

Eu acabei de dizer que o ideal é que haja voluntários na equipe de ideação. Porém, agora eu afirmo que ninguém trabalha de graça. Não tem um contrassenso aí? Não!

A questão é simples: as pessoas trabalham quando veem que vão ter algo em troca. E isso pode ser salário, mas pode ser futuro. Por isso, quando você tem uma equipe de voluntários, eles estão esperando que, em algum momento, trabalhar para o seu projeto traga resultados para eles. Seja um cargo quando você assumir um mandato, a possibilidade de ganhar dinheiro quando o seu projeto tiver financiadores, a transformação da sociedade quando o projeto começar a resultar na proposição e na adoção de políticas públicas. Não importa o motivo, pense sempre nisso. Portanto, deixe claro para as pessoas o que elas ganham trabalhando para você e para o seu projeto, levando em consideração o que elas querem e as características que elas têm.

E repito que isso deve acontecer com muita transparência, comunicação direta e sincera. Afinal, não dá para achar que as pessoas estão pensando o mesmo que você se não houver conversas claras.

E então? Agora, que você já viu quanta coisa é importante para montar a equipe inicial e gerir o projeto, já começou a pensar em quem vai fazer parte da sua? Ou você já começou a gestão do projeto político e tem uma equipe funcionando?

## Os partidos políticos e outros projetos

Existe um componente para complicar um pouco (ou muito!). Um projeto político nunca é individual, e isso você sabe. Também nunca está sozinho no mundo, nem mesmo em regimes totalitários. Em uma democracia, então, tem projetos políticos para todos os lados. Isso quer dizer que, além de incluir os seus públicos de influência, aqueles sobre os quais falamos mais detalhadamente no capítulo anterior, o seu projeto político também deve incluir os outros projetos políticos que o influenciam, tanto os que têm mais poder quanto os que têm menos poder.

Então, existem os projetos políticos concorrentes, que são os que têm características semelhantes ao seu e podem atingir os mesmos públicos, com interesses parecidos. Além disso, há os projetos políticos adversários, que dependem do seu para sobreviver criticando, dos quais você também depende. Tem ainda os projetos políticos que estão dentro do seu projeto, aguardando o momento para alcançar voo solo. E tem os projetos políticos maiores, dos quais o seu também depende para sobreviver.

E, entre esses projetos maiores, em uma democracia, estão os partidos políticos. Pode ser que você tenha começado o seu pensamento de desenvolvimento de liderança política já com um partido em mente (ou mesmo já seja filiado a um). Mas, se isso ainda não tinha aparecido, vai aparecer agora.

Partido político é um grande projeto político organizado formalmente, e funciona como uma máquina para fazer girar o motor da democracia. Pode ser que ele também seja democrático, pode ser que não. No Brasil, poucos são os partidos democráticos. Isso ocorre porque a legislação permite que ele não desenvolva instâncias de consulta e participação tão desenvolvidas nas bases, o que faz com que vários deles sejam cartórios com donos (presidentes) muito poderosos.

E, se você ainda não tem um partido para estar, a pergunta que você pode estar fazendo agora é: como escolher um partido? E eu já respondo de forma simples: primeiramente, por proximidade ideológica. Mas não é só isso. A possibilidade de acesso à liderança, aos recursos, aos benefícios para o seu projeto são fundamentais. Então, coloque entre as suas principais atividades a interação com o partido político.

Pode ter gente aqui sem entender muito bem isso, já que começou o projeto político que lidera dentro de um partido. Porém, grande parte das lideranças políticas no Brasil escolhem o partido depois.

Mas, e se você não encontrar nenhum partido que satisfaz, entre mais de trinta opções? Aí o caso pode ser grave, por não ter mesmo ninguém com quem você pode dividir alguma proximidade ideológica, mas pode nem ser tão grave assim, e essa frustração ser apenas resultado de uma falha na nossa forma de compreender os partidos políticos.

Afinal, partido político não existe para servir à sua forma de pensar. Ele tem a função de ser o local em que você apresenta a sua visão de mundo. Isso quer dizer que, mesmo que você queira, vai ser muito difícil arranjar um grupo organizado de pessoas que pensem exatamente como você.

Então, a ideia é que você se aproxime dessa estrutura e possa também desenvolver o seu projeto político dentro desse grande projeto, tentando influenciar e sendo influenciado por ela. No longo prazo, com certeza, você vai entender que disputar o poder dentro do partido também é algo fundamental para que o seu projeto político tenha relevância.

Portanto, tenha sempre em vista a gestão de todos esses relacionamentos, em geral muito complexos, com todos os públicos e com os outros projetos políticos, além dos seus próprios objetivos e das estratégias, para que o seu projeto político cumpra os motivos pelos quais ele foi pensado.

# 6 – Defina objetivos estratégicos

## Aonde é que você quer chegar?

Sempre que alguém decide assumir a liderança política, ou um grupo entende que é possível estruturar um projeto, existe um horizonte, um motivo, um propósito. E a forma mais clara que isso toma é um objetivo, um lugar para chegar. Em alguns casos, pode ser algo simples, direto, rápido. Em outros, algo utópico, que nem tem maneiras tão claras de se desenvolver. Porém, todos eles, em qualquer cenário, têm algo em comum: alguma ideia de futuro.

Pode ser que o grupo tenha uma ideia de conseguir uma pista de skate para um bairro da periferia, e seja composto por dez adolescentes, mas algo é importante: sempre tem uma liderança lá no meio. Eles vão se organizar, entender como devem desenvolver os caminhos para pressionar a prefeitura, conversar com os vereadores e os secretários, buscar apoio de outros grupos políticos, até conseguir o objetivo. Ou desistir.

Também pode ser aquele grupo ideológico, que acha que o mundo deve ser de outra forma, que as classes sociais precisam ser questionadas e, ao ver que o discurso tem eco, pode também organizar um projeto político, sempre com alguém (uma ou mais pessoas) liderando rumo à "revolução".

Mas notem que todos eles têm objetivos, propósitos, motivos para existir que, claro, dizem respeito ao que está por vir. Portanto, qualquer que seja o projeto político que você está estruturando a partir da sua liderança, dominar as ideias sobre o futuro é algo fundamental.

Como assim dominar as ideias sobre o futuro? Se não sabemos nem o que vai acontecer daqui a pouco, se vamos conseguir terminar este livro, como vamos dominar o futuro? Então, como vamos dizer aqui e um pouquinho mais no próximo capítulo, temos que contar histórias sobre o futuro e conquistar as pessoas para que elas acreditem no que estamos dizendo. Esse é o grande desafio de quem faz política, de quem coordena equipes de trabalho e de quem desenvolve estratégia.

Portanto, prepare-se para dominar o futuro, falar sobre ele e dar conta de explicar para os liderados como é que se deve chegar lá. E não estou dizendo que você deve fazer isso somente em relação aos eleitores. O desafio é fazer com que as pessoas que fazem parte do seu projeto político dediquem tempo, trabalho e muito sacrifício em nome de um futuro que você consegue contar. Lembra-se de que falamos no capítulo anterior que ninguém trabalha de graça? Isso mesmo! As pessoas precisam enxergar esse futuro, e a forma que você lidera para que todos cheguem até lá é o combustível para o trabalho.

Então, além dos lugares aos quais se quer chegar, é preciso detalhar os caminhos. Quanto mais detalhes você tiver, com dados para dar conta de torná-los viáveis, mais facilmente vai convencer quem deve ir com você, a equipe, os apoiadores, os multiplicadores, os defensores e, por fim, os eleitores.

O desafio é grande porque, como dissemos aqui desde o início, as pessoas mudam, os cenários se modificam, e trabalhar com essa instabilidade toda é extremamente difícil. Então, podemos voltar à questão do equilíbrio, sobre a qual já falamos. Para compreender melhor, a liderança política pode ser comparada com o papel de quem equilibra pratos girando. Nas mãos, na cabeça, na boca, nos pés, sem deixar nenhum cair. Mas, além de todos os pratos girando, o equilibrista está correndo em alta velocidade sobre a fita de nylon em que se faz *slackline*. Lá embaixo, se você cair, tem um fosso com crocodilos. Tudo isso sob uma chuva de granizo. Ufa!

Sim, a liderança política é o controle (ou a tentativa de controle) de muitas coisas ao mesmo tempo. E todas elas devem fazer sentido, ter lógica argumentativa, para que os discursos cheguem às pessoas e as façam se movimentar.


## Tomando conta dos objetivos


Mas, como a ideia do equilibrista é muito surreal, vamos falar de coisas mais próximas à sua atuação. Primeiramente, você precisa ir buscar, nas suas motivações para a liderança, onde está o objetivo mais distante. Para alguns, ele pode estar relativamente mais perto, o que eu não aconselho. Para outros, daqui a vários anos, e isto é o ideal.

Então, o importante é que se tenha um lugar específico para chegar, e quanto mais distante ele estiver, mais possibilidades de chegar existem. Afinal, se você olha para a próxima eleição e vê seu objetivo ali, realmente fica difícil controlar todos os fatores que façam com que você seja eleito. Mas, se você olha para o que quer ser, a liderança que quer representar daqui a 20, 30 anos, há diversos caminhos que podem levá-lo até lá, inclusive com a possibilidade de dar voltas, retornar se houver algum problema e até mesmo mudar o lugar aonde quer chegar.

Mas, definindo tecnicamente, os objetivos são esses lugares aonde a gente pretende estar. E, para que tudo fique bem organizado, pode-se usar uma definição que os profissionais e autores de marketing (como o Mitsuru Yanaze, que já citei) apresentam, que é a separação do que é objetivo (lugar em que se quer chegar) e do que é meta (a quantificação de cada passo para a verificação do sucesso do projeto).

Portanto, vamos falar agora de objetivos, afinal, como a gente sabe, um projeto não funciona somente como um texto bonito com boas intenções. É necessário que se tenha tudo isso: objetivos, metas, prazos e estratégias. Todos eles bem claros, para que todos consigam caminhar.

Pense naquele ponto principal pelo qual você decidiu liderar o seu projeto político. Ele pode ser o principal objetivo de longo prazo. Como disse antes, vale a pena olhar para ele e pensar que é lá que se quer chegar, para depois desenvolver os outros objetivos.

Se você pensar desse jeito, vai ter a possibilidade de entender que cada momento da trajetória é uma parte da conquista. E você já sabe que a liderança política é em geral para toda a vida. Portanto, tenha calma. Muita calma! O controle do tempo é uma das principais características dos grandes líderes. Se você ler as cartas que o Winston Churchill mandava para a mulher dele (ele vivia fora de casa!) e para os amigos, que foram os documentos que deram origem à sua principal biografia, vai ver que ele sabia o que estava fazendo o tempo todo, mesmo quando tudo estava dando errado. Afinal, na cabeça dele, havia algo muito maior lá na frente. E ele chegou. Já depois dos sessenta (que era uma idade avançada em meados do século passado), mas chegou.

Portanto, olhe para o objetivo de longo prazo como este lugar fantástico em que você ambiciona chegar. Não tem tempo para objetivos tão distantes? Não tem problema! Mas defina um que seja razoavelmente distante (5, 10 anos), senão, como já disse, não tem estratégia que dê conta.

A partir do principal objetivo de longo prazo, faça algumas perguntas para você mesmo e para a equipe de idealizadores. Para chegar lá, o que é preciso? Por exemplo, você quer ser uma referência na área ambiental e estar entre as principais lideranças do tema daqui a 40 anos. O que é necessário para chegar lá? Ou você quer ser uma referência na educação e chegar ao ministério daqui a 30 anos. O que fazer?

Então, o ideal é pensar ao contrário, começando por esse ponto distante. Para ser ministro do Meio Ambiente ou da Educação, você tem que fazer um monte de coisas no meio do caminho, tanto sobre o tema quanto no ambiente político. Você precisa, por exemplo, ser uma referência dentro do projeto político que vai chegar à Presidência, para conseguir ser ministro. Então, estar em um partido político é importante. Conseguir desenvolver trabalhos no município e no Estado também, antes de chegar à relevância nacional.

Por isso, descreva quais são os objetivos para daqui a 10, 20 anos, observando detalhes a cada período mais curto. Lembre-se da ideia da escada: se você só focar no topo, vai tropeçar nos degraus. Embora você queira chegar lá em cima, é importante que você preste atenção em cada passo.

É hora de perguntar: você consegue colocar tudo isso no papel? Tem ideias de como se desenvolve uma carreira para chegar até o lugar que você quer? Discuta, desenhe, faça listas, planilhas, tudo para desenhar um trajeto, que inclua vários pontos de verificação no meio do caminho. Esses pontos são os objetivos, de curto, médio e longo prazos.

Vá lá na frente e volte, movimente-se, pense no futuro, começando, se você puder, pelo que você vai fazer amanhã. E o bom dessa história é ter liberdade para mexer nos objetivos, para adaptar de acordo com o que acontece. Porém, para que você não fique com incertezas demais, mexendo o tempo todo, defina períodos. De tanto em tanto tempo (a cada ano), vai haver revisão dos objetivos de longo prazo (mais de 10 anos). Em outra periodicidade (a cada seis meses), faça revisão dos objetivos de médio prazo (entre 2 e 10 anos). E mensalmente, faça a revisão do que pode acontecer nos próximos 2 anos.

Essa é uma sugestão, mas você pode fazer de acordo com o que se apresentar como possibilidade dentro do seu projeto político, com as pessoas que trabalham com você.

## O controle das metas

Como já dissemos, as metas são as quantificações dos objetivos. Quantos votos, quantos eventos, quantos colaboradores, quantas interações nas redes. Tudo isso pode fazer parte das metas a serem definidas.

Principalmente quando você começar a chegar perto de cada objetivo, transforme-o em meta, que seja controlável. Uma dica é fazer isso sempre que você tiver um objetivo de curto prazo. Afinal, eles estão mais próximos e precisam ser compreendidos por todos. E, com números, fica mais fácil lidar na hora de cobrar resultados das equipes de trabalho.

As metas podem ser políticas, eleitorais, de comunicação, de captação de recursos, com inúmeros fatores de controle. Por isso, sempre discuta com a equipe e, principalmente, verifique a possibilidade de que ela seja alcançada. Afinal, não dá para chutar um número e achar que ele vai ser alcançado simplesmente porque você quer.

A definição de metas tem uma relação direta com a leitura de dados e cenários, que sabemos que se modificam sempre. Então, pense que o caminho do seu projeto político vai ter um grande número de erros de definição de metas nos primeiros momentos. É a sua capacidade de adaptação que vai resultar no alcance de grandes objetivos futuros.

Mas isso você só vai fazer bem se houver um trabalho competente no sistema de informações do seu projeto, se você souber ler os cenários e não se deixar levar por otimismos exagerados. Uma dica: sempre tenha alguém próximo que duvida de tudo. Essa pessoa em geral é chata, mas é fundamental para que todos mantenham os pés no chão. No ambiente político, devido à proximidade com o poder, há a tendência de ter muita gente que gosta de "puxar o saco" e ser otimista sempre. Evite!

## Estratégias e cenários

Porém, mais do que as simples definições de objetivos e da quantificação deles em metas, tem uma coisa que precisa ficar clara: você precisa dizer como alcançá-los. E é aí que a gente chega a uma palavra mágica: estratégia. Estratégia é caminho, é o percurso a ser desenvolvido para que se chegue a algum ponto. E quanto mais claro esse caminho estiver detalhado, melhor.

Por isso, aquilo que a gente considerou como uma narrativa sobre o futuro quando citou o projeto político, agora ganha muitos componentes de percepção do que está por vir, que muita gente inclusive acha que se parece com um poder de adivinhação. É essa função de detalhamento do futuro a partir das observações do presente, prevendo como as coisas vão acontecer, que dá aos estrategistas competentes essa aura de "adivinhadores".

Porém, fica claro que, se tratando de futuro, que todos sabemos que é incerto, não há possibilidade de apostar em um único caminho. Por isso, quanto mais opções de caminhos estratégicos você tiver, mais controle terá sobre o futuro. Entendeu a lógica?

É por isso mesmo que um planejamento estratégico bem feito inclui diversos cenários controláveis, diversos desvios possíveis. Se algo der errado no caminho ideal previsto, tem uma saída prontinha logo ali. Com isso, se houver um problemas na estratégia que você estiver seguindo, pode fazer um desvio para chegar aos objetivos, sem grandes problemas.

Então, preste atenção nestes pontos:

- Para alcançar os objetivos de longo prazo, defina o maior número de caminhos possíveis, com o maior detalhamento possível.

- ☐ Verifique quais podem ser os cenários otimistas, pessimistas e neutros, a partir de objetivos e metas realistas, para que você possa ter o controle sem se desesperar.
- ☐ Escreva o que você vai fazer se atingir qualquer um dos caminhos nos cenários. Se atingir a meta definida de forma exata, o que deve ser feito. Se o resultado for muito mais positivo, escreva qual o caminho a ser percorrido. E se não acontecer o atingimento da meta, diga quais são as possibilidades de retomada ou de desvio do caminho inicial.

Se você não tiver as estratégias, que são os caminhos para cada cenário, pode ter problemas em qualquer situação, inclusive quando tem sucesso. Existem pessoas que, ao alcançar um resultado pretendido, como um cargo em uma eleição, não tem nada planejado para o momento posterior. Consequentemente, não conseguem desenvolver a atuação de forma correta e acabam perdendo o poder conquistado na eleição seguinte. Você já viu gente que passou por isso?

Também ocorre que algumas pessoas, ao terem um resultado muito superior ao pretendido, desenvolvem uma sensação de onipotência, que também pode levar à ruína. Esse é o caso de várias pessoas que conseguiram sucesso eleitoral devido ao *boom* que houve nas redes sociais. Embora tenha havido um sucesso inicial, ele não era estável, pois outras pessoas passaram a dominar as ferramentas.

E também tem gente que, ao ter um primeiro resultado negativo em uma meta de curto prazo, não sabe o que fazer e desiste do planejamento do projeto político todo. Esse é o principal problema para quem está começando: olhar somente para a meta de curto prazo e se esquecer que o que deve ser alcançado é o objetivo de longo prazo.

Por tudo isso, esteja sempre preparado para qualquer das situações, dos resultados muito positivos aos muito negativos. Só assim haverá a sobrevivência do seu projeto de poder. E tenho certeza de que deixar de ser vereador agora não vai tirar a sua intenção de ser referência e liderança na área que você escolheu, não é?

Então, para que você possa controlar o que já fez e desenvolver o seu projeto de forma estruturada, pense:

- Você tem objetivos de longo, médio e curto prazos?
- Já deu forma (preferencialmente escrita) aos objetivos, discutiu com a sua equipe de idealizadores e transformou os de curto prazo em metas que podem ser controladas e verificadas com o passar do tempo?
- Já definiu o maior número possível de caminhos controláveis (estratégias) para alcançar os resultados que pretende?

Se você já fez tudo isso, defina períodos de controle e revisão. Se ainda não fez, comece a fazer agora. Afinal, seu projeto já existe na sua cabeça, mas enquanto ele não for desenvolvido estrategicamente, não poderá se transformar em realidade.

# 7 – Construa um posicionamento claro e conte histórias

## O que é um posicionamento?

O maior desafio de um projeto político é fazer sentido, para que as pessoas possam entendê-lo e, mais do que isso, possam explicá-lo. Porque projeto político que não consegue ser explicado não é defendido, apoiado, multiplicado, nem votado. Portanto, tudo o que você quer dizer com a sua liderança e o seu projeto precisa ficar claro para o maior número de pessoas. É por isso que ele deve ter um posicionamento.

E posicionamento não é algo que você decide exatamente como vai ser. Na verdade, todo o processo de comunicação dá estímulos para que as pessoas compreendam o projeto e possam dar conta de acreditar nele e explicá-lo, multiplicando seu alcance. É a competência da comunicação que vai fazer com que ele encontre um espaço, uma posição, um "posicionamento" na cabeça dos públicos.

Então, esqueça-se de qualquer simplificação. Posicionamento não é algo que você decide em uma reunião e sai pronto. Não! Posicionamento é o resultado do que as pessoas percebem ao se relacionarem com o seu projeto político. Portanto, o posicionamento é construído com muito cuidado, durante muito tempo, com cuidado estratégico e controle das interações.

Neste momento, faça uma observação dos projetos políticos que estão no seu entorno. Note que alguns deles são muito facilmente compreendidos, que você consegue explicar sem grandes problemas, mesmo que não concorde com ele ou o defenda. Outros, no entanto, são confusos, você não sabe muito bem o que representam nem aonde pretendem chegar.

Então, mesmo que você compreenda muito bem o que é o seu projeto e aonde quer chegar, isso não é suficiente. São os públicos (as pessoas reais) que devem compreendê-lo, para que possam fazer aquilo que é fundamental: espalhar as ideias por aí.

A construção de um posicionamento parte sempre do motivo principal pelo qual você decidiu assumir a liderança e desenvolver o projeto político. Isso parece óbvio, mas não é, porque tem gente que acha que pode adaptar o posicionamento de acordo com o que está na "moda". Porém, se partirmos do pressuposto de que um projeto político deve ter longo prazo, os posicionamentos podem até se modificar, mas de acordo com movimentos da relação entre o próprio projeto e os públicos com os quais ele interage.

Portanto, se você tem uma carreira na área da saúde, pensa que pode transformar a realidade dessa área e está desenvolvendo o seu projeto político com essa intenção, deve construir seu posicionamento para que as pessoas reconheçam você e seu projeto a partir dessa característica. Não adianta incluir uma ideia qualquer sobre outro tema, que não tem nada a ver com aquilo que faz com que você seja reconhecido, somente porque parece que parte dos públicos gosta. E esse é o risco da observação das redes sociais, de que uma tendência momentânea influencie o posicionamento de um projeto político que deve ser longevo, isto é, existir por muito tempo.

E é claro que um posicionamento, para ser bem construído, depende de uma comunicação que insista em falar sobre ele. Às vezes, parece que a repetição pode cansar, mas ela é necessária para que o posicionamento fique claro na cabeça das pessoas, e elas possam reconhecer o projeto, e falar bem dele, é claro. Por isso, opte por falar de várias formas sobre o mesmo tema, aquele que é o que diferencia a sua atuação, principalmente demonstrando que você é capaz de trazer novas formas de resolver velhos problemas.

Projetos políticos conseguem se tornar relevantes quando o posicionamento demonstra uma capacidade de trazer inovação para preocupações existentes. Portanto, lembre-se de que, para que ele tenha vida longa, você precisa de soluções. O posicionamento crítico e questionador também é importante, mas desde que ele tenha a capacidade de, depois, trazer possibilidades de desenvolvimento de políticas públicas que resolvam problemas e melhorem a vida das pessoas.

## Histórias que devem ser contadas

Como já foi dito aqui, o planejamento estratégico precisa ganhar forma, ser comunicado com diversos públicos, ter uma presença, que é o que chamamos de posicionamento. Afinal, você deve repetir isso como um mantra: ninguém vai sair de casa para apoiar o seu projeto, ou falar bem dele em qualquer interação, se não for fácil defendê-lo.

O que vale entender é que, se o posicionamento é um lugar em que você quer estar na cabeça dos públicos (eleitores, cidadãos, munícipes, o nome que você quiser dar para as pessoas), que torne o seu projeto diferente e preferencialmente melhor do que os outros, você precisa fazer com que a comunicação interaja com as pessoas.

Não é possível desenvolver bons posicionamentos se somente há uma via de comunicação. As pessoas precisam se sentir parte da comunicação que você fizer, do posicionamento que está sendo criado. Então, uma forma importante para que haja essa interação, é a utilização daquilo que chamamos de *storytelling*, isto é, contar a história certa de por que o projeto político é interessante, além de, é claro, dizer por que você chegou até aqui.

Para isso, você deve se esforçar para usar a ferramenta que existe desde que o mundo é mundo, na comunicação política e fora dela: a contação de histórias. Sim, trata-se mesmo do *storytelling*, um termo bonito e em inglês para aquilo que a gente sabe fazer desde muito pequeno: ver sentido no mundo através das narrativas, do compartilhamento de sentimentos a partir de memórias, personagens, referências de acontecimentos.

A história do seu projeto político é, sem dúvida, a sua vida, o que você fez, de onde veio, qual é a sua formação e experiência. Mas ela tem que ser cuidada, planejada, dando destaque para aquilo que vai fazer de você uma liderança melhor do que qualquer outra, principalmente para os grupos que você quer representar e com os quais quer interagir.

Vale também lembrar sempre que contar histórias não é dizer mentiras, embora muita gente pense que isso é possível. A função das histórias é se aproximar dos públicos a partir de valores compartilhados, organizados de forma que façam sentido como um enredo, com início, meio e expectativa de fim. É isso o que faz com que a gente se associe a tanta coisa na vida, não é mesmo? Pense na religião, na torcida de times de futebol, nos grupos de amigos e mesmo na família. O que faz com que a gente se sinta parte de um grupo social é a possibilidade de contar histórias, participar delas e se reconhecer em vários detalhes do que é contado.

Portanto, prepare-se para isso, para ouvir e interagir com as histórias dos grupos dos quais você quer se aproximar. Por exemplo, se você tem um trabalho voltado à proteção animal, comece falando dos principais motivos que fizeram com que você dedicasse a vida para esta causa. Fale da infância, das memórias dos animais de estimação, das pessoas que fizeram com que você olhasse para esse caminho. Fale sobre a importância dos seus avós, dos seus pais, de amigos na sua dedicação. Isso vai fazer com que quem também se preocupa com animais se reconheça, encontre características comuns com você.

Depois, fale por que você acha que isso tem a ver com a política, por que você quer que as pessoas também tragam as suas histórias e estimule que a sua equipe de comunicação inclua as histórias dessas pessoas nas ações nos eventos, nas reuniões, nos discursos e nas redes sociais. Mais do que contar histórias, então, o ambiente da política é o das histórias compartilhadas.

Faça a mesma coisa se você trabalha com saúde, com educação, com segurança pública, com pautas de identidade de gênero. Busque as referências da sua vida, dos momentos em que você se desenvolveu como liderança na área, dos seus estudos, trabalhos e esforços, dê destaque para aquilo que faz sentido e pode aproximar de quem pode apoiar o seu projeto e participar dele, trabalhando, divulgando e votando.

Só é possível fazer tudo isso quando há comunicação organizada, o que vamos conversar com mais detalhes nos próximos capítulos. Porque, se a comunicação e o compartilhamento de histórias não fizer parte do desenvolvimento estratégico do seu projeto político, ele não vai fazer sentido nem para quem está próximo, e muito menos para os públicos que devem ser conquistados.


## A organização do posicionamento e das histórias

Se você tem motivos realmente políticos para assumir a liderança, já deve ter pensado bastante sobre o posicionamento que pretende desenvolver. Mas, se você apenas está olhando para o ambiente político como uma oportunidade para ter cargos e ganhar dinheiro, talvez tenha mais dificuldade. Afinal, o que fazer se você não tem ideias que possam influenciar as pessoas ou fazê-las enxergar uma liderança na sua atuação?

Novamente, é hora de se observar, de contar a própria história em um texto, de revisitar o manifesto que define a sua liderança, aquilo tudo que conversamos lá no primeiro capítulo. E, se você puder, também é hora de pesquisar como as pessoas atualmente veem a sua atuação. Porque pode ser que seu posicionamento já esteja até mesmo razoavelmente construído, e você terá apenas que se dedicar à organização e ao controle dele.

Você deve ter muita gente, no seu entorno, que consegue ajudar nessa percepção e na construção de estratégia. Por isso, conte com o auxílio de uma equipe que possa ter uma visão crítica (e construtiva). Mais do que isso: não pense que, porque você se vê todos os dias no espelho, pode ser o único a dizer como deve ser visto. Nós somos, nos ambientes sociais (e isso inclui a política), muito mais o que as pessoas veem do que aquilo que acreditamos que somos.

Se necessário, este é mais um momento em que uma mentoria para organizar a sua carreira política é importante. Também, se você faz terapia ou tem algum outro processo de autoconhecimento, é fundamental que possa contar com essa colaboração. Para algumas pessoas, compreender a própria história, as características e trabalhar o desenvolvimento de um posicionamento pode ser muito difícil.

Quanto maior for a compreensão que você tiver sobre a sua atuação e as suas características, melhor vai ser a organização. E não pense que em algum momento você vai ter algo acabado, finalizado, estável. O trabalho no posicionamento deve ser constante, adaptado de acordo com as transformações no ambiente. Porém, essa revisão não pode acontecer o tempo todo, mas em momentos-chave, em que as pessoas que idealizam o seu projeto possam trabalhar juntas.

Uma questão importante é que o posicionamento do projeto político se confunde com a imagem da liderança, de acordo com a importância que a figura do personagem principal do projeto tem. Em determinados projetos, as ideias são mais importantes que as lideranças. Já em outros, os líderes são muito maiores do que as ideias.

Então, esta análise é fundamental. Neste momento, a sua liderança é mais próxima de questões racionalmente compreendidas?

Ou você é um líder carismático que pode dar conta de diversos pontos de interesses do seu público?

Na clássica definição dos tipos de dominação (e de liderança) de Max Weber, a dependência de referências narrativas fica clara. Um líder **tradicional** precisa muito de histórias contadas, compartilhadas e principalmente acreditadas para que se possa dar conta da autoridade dele.

Já um líder **carismático**, embora também tenha que organizar narrativas para que as pessoas o conheçam, precisa de menos referências de passado e muito mais daquilo que é capaz de fazer agora e prometer sobre o futuro, de forma que as pessoas vejam nele inspiração e confiança.

Por fim, o líder **racional** (chamado de racional-legal na classificação weberiana) precisa construir argumentos claros, com a possibilidade de que o que é prometido como futuro possa ser percebido claramente por quem vê, lê e ouve.

Embora essas três possibilidades sejam tipos ideais, ou seja, não existe liderança que somente tenha uma das características, isso pode ser um caminho para que você também observe que tipo de liderança tem maior interferência na sua atuação.

## Observe as referências

Portanto, para que você tenha uma possibilidade de construção das histórias da sua liderança e do seu posicionamento, vale muito a pena observar outras lideranças políticas e seus projetos. Quais conseguem ter a possibilidade de fazer sentido na cabeça das pessoas? Quais os motivos pelos quais as pessoas os defendem e multiplicam a comunicação?

Lembre-se que as referências não são somente daqueles que você admira, mas principalmente daqueles que funcionam. Nos estudos de marketing, o nome disso é *benchmark*, ou seja, a observação daquele que pode ser imitado, daquela marca que pode inspirar.

Veja líderes internacionais, nacionais e locais. Sempre há algo a aprender. Se você hoje olha para o ambiente mundial, vê figuras como o ex-presidente dos EUA Barack Obama, que tem ótimas referências para qualquer líder. A firmeza, as certezas nos discursos, a capacidade de se mostrar sempre claro, com afirmações compreensíveis, mas não simplistas. Já seu principal adversário, o também ex-presidente Donald Trump, tem a característica de repetir de forma muito didática aquilo que acredita, fazendo com que seus apoiadores sejam muito mais enfáticos na defesa.

Mesmo no Brasil, temos líderes muito diferentes que demonstram capacidades interessantes, no trato individual e também nas aparições midiáticas. O ex-presidente Lula é um homem de afagos, do discurso com metáforas referentes ao futebol, simplificações para que todos entendam. Já o presidente Bolsonaro é também uma pessoa que fala de forma muito decidida sobre aquilo que acredita, sem meias palavras, sem tentar esconder o que pensa. Mesmo que você não goste de um ou de outro, eles podem ser referências.

Veja os que já fazem política no ambiente em que você está. Como eles atuam, como você pode buscar referências neles e mesmo suplantá-los na competência da comunicação. Porque, se você quiser realmente se destacar na atividade política, precisa trazer soluções melhores, e histórias mais claras, para se mostrar mais competente do que gente com quem também concorda.

Se você é uma liderança ligada ao movimento feminista, por exemplo, vai precisar se destacar em relação às que lideraram o movimento antes e, mesmo as respeitando, tornar-se maior do que elas. Por isso, algo que deve sempre ficar claro (e que já dissemos por aqui) é que os grandes concorrentes no ambiente político são aqueles que pensam de forma parecida, próxima, complementar.

Não adianta querer buscar um posicionamento em algo completamente novo, sem que ninguém tenha trilhado o caminho antes. A melhor forma de se posicionar, como já destaquei aqui, é trazer soluções novas para demandas já existentes.

Portanto, na hora de definir um posicionamento, observe as referências de outras lideranças, mergulhe na sua vida e nos motivos que fazem com que você queira assumir a liderança, construa com a sua equipe uma observação do que é a sua atuação, entenda quais características deve ter o seu discurso e que histórias devem ser compartilhadas. Somente com esse trabalho bem desenvolvido é que será possível fazer uma comunicação competente, nas ruas, nos eventos, nos espaços de interação e nas redes sociais digitais.

# 8 – Comunique-se com competência

## A importância da comunicação

Chegou a hora de falar especificamente de comunicação. Embora isso esteja sendo dito desde o início das nossas conversas, vale a pena repetir. A política tem, na comunicação, a principal forma de se apresentar às pessoas. Sim, isso mesmo que você está pensando. Mesmo que as políticas públicas façam a diferença na vida das pessoas por sua implantação, só vai fazer sentido se cada uma delas souber exatamente por que as coisas existem e como elas podem influenciá-las.

E, para que todos possam entender o que estou dizendo, vou usar um exemplo prático: as ciclovias em São Paulo durante a gestão de Fernando Haddad. A ideia de que haja a possibilidade de as pessoas se deslocarem de bicicleta em uma cidade como São Paulo parece muito importante para qualquer pessoa que pense na estrutura de transportes de uma metrópole. Então, a princípio, uma política pública com essa intenção, que tenha sido bem desenvolvida, deve trazer benefícios e ser percebida como um ponto positivo, certo? Errado! Se não houver a comunicação para deixar todos na mesma sintonia, a política pública vai por água abaixo.

Foi isso o que aconteceu no caso do ex-prefeito petista. Ele tinha a ideia e uma execução competente, que contava com engenheiros de tráfego e outros especialistas. A motivação era também clara, já que poderia fazer a diferença em termos de saúde física e financeira para os usuários, para os donos de empresas e até mesmo para os comércios locais. Porém, não foi isso o que aconteceu. Sem que os *stakeholders* todos tivessem sido convencidos de que o projeto era importante, ele se tornou a principal referência dos opositores, e foi uma das principais causas apontadas para que o voto dado ao prefeito não fosse repetido na eleição seguinte, fazendo-o perder a possibilidade de reeleição.

É claro que o sentimento antipetista em todo o país era evidente quando houve a tentativa de reeleição, mas o projeto das ciclovias esteve na comunicação de todos os adversários, e fortemente do principal deles, João Doria, que foi eleito no primeiro turno.

Isso quer dizer que a comunicação sobre o projeto foi falha? Sim! Mesmo com uma assessoria de imprensa presente e algumas campanhas publicitárias de conscientização, faltou planejamento, timing e tranquilidade para, antes de executar a transformação nas vias públicas, convencer as pessoas de que aquilo era necessário.

Aspectos como a sustentabilidade, que foram indicados como motivos para o projeto, precisavam ser traduzidos para as periferias, por exemplo, que, naquele momento, relacionava-os a questões externas à cidade. As ideias específicas do dia a dia dos moradores deveriam ser destacadas de forma clara: diminuição do tempo de deslocamento, economia no dinheiro gasto com transporte, possibilidade de usar a bicicleta com segurança, tudo deveria ter sido conversado calmamente, criando a expectativa da realização.

Além de não conseguir trazer para o próprio projeto a importância que a ação deveria ter, a ideia das ciclovias em São Paulo, fundamental para a viabilidade da cidade, sofreu muito com os ataques dos adversários do prefeito, e se tornaram distantes dos desejos e das expectativas de grande parte da população. Então, mais do que contribuir para a decadência do próprio projeto político, a falta de uma comunicação competente pôs em xeque um aspecto fundamental da vida das grandes cidades, associando as ciclovias e seus defensores à ideia de que não estão pensando na cidade como deveriam fazer.

Só para se lembrar de uma referência da comunicação política, o também ex-prefeito Paulo Maluf, a repetição dos motivos de execução de um projeto é algo sempre fundamental. Cada rua, avenida, ponte e viaduto da cidade que foram construídos nas suas gestões tinham motivos claros para existir, comunicados especificamente para quem se beneficiaria dele. Mesmo que a imprensa criticasse, demonstrasse que teria havido superfaturamento ou desvio de recursos, quem poderia trazer votos sabia muito bem que a obra beneficiava a sua vida. E a comunicação começava sempre muito antes, quando as pessoas eram estimuladas a entender o problema, se incomodar com ele e ver a solução "malufista" como a única viável.

Por isso, pense sempre na comunicação, em todas as suas formas, como a possibilidade de que a política se torne real, que interfira na vida das pessoas, e que as faça saber como falar sobre projetos, ideias, possibilidades de construção de um futuro melhor. Afinal, os públicos precisam, além de receber o que a equipe de comunicação do projeto produz, ter a autoridade e a possibilidade de multiplicarem a comunicação, sentindo-se parte do projeto político.

Observe o seu projeto político. Pense sempre que ele só terá valor quando as ações se transformarem em políticas públicas reais que influenciem as vidas das pessoas. Mas, mais do que isso, as políticas públicas só se tornam reais quando são comunicadas. Como o exemplo que citei aqui, existem inúmeras iniciativas fantásticas que, por não serem comunicadas de forma correta, não são vistas e acabam não tendo o efeito previsto na vida das pessoas, nem contribuem para a longevidade dos projetos políticos que deram origem a elas.

## Onde se comunicar

Então, se política é majoritariamente comunicação, é essencial fazer isso com muita competência, planejamento e execução correta. Nas ruas, nas redes ou em qualquer lugar, os limites não existem, porque sempre é possível inovar. Se você está disposto a pensar que deve fazer a diferença nesse aspecto, o mundo se abre.

Porém, comece com uma análise. Se levarmos em consideração a ideia que defendo de que a política só se realiza quando ela é comunicada, comece a se observar agora. O que você tem comunicado? Como? Para quem? Pense que é necessário ter todo o cuidado do mundo com aquilo que você comunica porque, no final das contas, é tudo o que vai transparecer do seu projeto político.

Para organizar as coisas, temos que definir os lugares da comunicação. E, mais uma vez, vem outra afirmação da presença constante dela nos projetos políticos: ela acontece em todos os lugares. Nas ruas, nas feiras livres, nas padarias, nos restaurantes, nos bares, nos eventos, nas reuniões nas casas das pessoas, nas interações pessoais em ambientes de participação, que são as igrejas, os sindicatos, as associações. Todos esses são lugares de comunicação. Mas não só:

também há muita comunicação nas redes sociais e também na relação com públicos específicos, como os partidos políticos e principalmente os influenciadores e a imprensa.

Tudo o que é comunicado constrói aquilo que a gente pode chamar de relevância, que é como o projeto político é visto a partir da imagem pública das lideranças políticas que são porta-vozes e representantes. Por isso, preste atenção nisso. Muito dificilmente um projeto político vai fazer sentido sem a associação com quem o representa. As imagens dos líderes se misturam com as ideias e os objetivos dos projetos. Para os públicos, eles tendem inclusive a ser a mesma coisa. Quem tem que ter competência de separá-los somos nós, que trabalhamos com estratégia, para que não haja o risco de que um projeto político se perca por um problema de imagem de um indivíduo.

Não adianta achar que é possível dissociar as duas coisas, mas sempre se pode pensar em cenários em que as crises de imagem ocorram, e por isso as saídas para o projeto político devem ser claras, com o distanciamento da imagem das lideranças ou a possibilidade de deixá-las de lado por um tempo. É essencial pensar que, também na comunicação, o controle do tempo é a principal competência de quem lidera processos. Afinal, tudo o que é comunicado hoje, seja nas redes ou nas ruas, pode ter reflexo no longo prazo.

## Um pouco mais sobre imagem pública

Já que falamos de imagem pública, vale parar aqui para discutir algo sobre ela. São vários os autores que tratam sobre este tema, que se mistura com alguns outros conceitos, como o de opinião pública. Os professores Wilson Gomes, da Universidade Federal da Bahia, e Luiz Alberto de Farias, da Universidade de São Paulo, são só dois que trataram recentemente sobre esses temas. E você pode se aprofundar nos conceitos, que vamos tratar de forma mais leve por aqui.

Então, para compreender, o que temos como objeto a ser comunicado é o que a gente chama de imagem pública, que não é o líder político em si, mas como ele é percebido. Isso também ocorre com o projeto político, que tem a forma que a liderança quer dar, mas é percebido, muitas vezes, de forma diferente pelos públicos, a partir da interação complexa de várias vias que não tem apenas a comunicação do próprio projeto, mas um ecossistema que constrói as imagens.

Por isso, vale a pena pensar que a imagem pública é o maior bem de qualquer líder político. Construí-la é extremamente complexo, porque depende da competência de lidar com o tal ecossistema de múltiplos impactos da comunicação, dos diversos grupos políticos que concorrem pela atenção dos públicos. E vale lembrar que, mesmo quando bem construída, a imagem pública tem a fragilidade de uma taça de cristal. Por isso, pense que é possível quebrá-la até com um grito bem dado.

Então, volte ao fato de que, ao falarmos dos objetivos e estratégias do projeto, citamos a necessidade de se ter vários caminhos paralelos, que podem ser utilizados no momento em que houver problemas. E esses problemas podem ser variados, mas principalmente ocorrem quando há crise de imagem, seja por um fato isolado, ligado a aspectos morais ou éticos, ou ainda por demonstração de incompetência, do projeto como um todo ou de um líder em particular, de dar conta de cumprir algo que foi combinado com os públicos.

Mais uma vez, a palavra-chave é planejamento. Se houver claramente cada passo a ser dado, com possibilidades de desvios já previstos, além de uma periodicidade na revisão, porque nenhum planejamento é perfeito e eterno, a possibilidade de erro diminui muito. Porém, essa possibilidade nunca deixa de existir. Afinal, vale lembrar que estamos tratando de objetos e realidades sociais, que se modificam a todo momento, e por isso, apesar de ser possível prever, nunca a previsão é exata. Acostume-se, ao trabalhar com comunicação política, com a necessidade de adaptação constante, e de ter que apagar incêndios causados inclusive por gente que trabalha no próprio projeto.

Portanto, se a equipe de idealização política do projeto é importante para que ele exista, a equipe de comunicação é fundamental para dar forma a ele, para influenciar a opinião pública e formar isso que a gente chama de imagem pública.


## *Benchmark* e referências


Por tudo isso que falamos até agora, fica claro novamente que ninguém começa a fazer comunicação política sem entender como outras pessoas já fizeram, acertaram e, principalmente, erraram. Olhar para os *cases* de projetos políticos e líderes que conseguiram ter sucesso, detalhando cada passo, recuo e desvio que os fizeram chegar aos objetivos, é muito importante para que você diminua a possibilidade de errar também.

Então, estude, observe, consuma bons conteúdos. No Brasil, muita gente boa já escreveu sobre os seus casos, seus trabalhos, seus sucessos e fracassos. Para saber o que é importante para desenvolver um bom planejamento de comunicação, por exemplo, você pode pesquisar muitos bons livros, dos clássicos do que se convencionou chamar de "marketing político" aos autores que usam as redes sociais para divulgar conhecimento.

O grande Carlos Manhanelli, autor de vários livros e falecido há pouco tempo, trouxe inúmeros *cases* e formas de ver a atuação da comunicação em campanhas eleitorais desde o processo de redemocratização do país, a partir da década de 1980. Assim como ele, Chico Santa Rita também tem ótimos conteúdos, inclusive com análises sobre as eleições mais recentes e os primeiros usos das redes sociais.

Também da mesma geração deles, o acadêmico Gaudêncio Torquato, que escreveu um quase definitivo (porque nada atualmente é definitivo) Tratado de Comunicação Organizacional e Política, além de muitos outros textos, pode ser uma referência de cabeceira para quem faz da política a sua atuação profissional.

Mas, se você quiser boas histórias sobre campanhas muito importantes, o também recém-falecido Duda Mendonça as conta no seu Casos e Coisas, inclusive sobre como ele conseguiu fazer muitas alterações nas imagens de Paulo Maluf e de Lula. Todos esses são boas referências, que você pode aumentar principalmente com pessoas que escreveram sobre casos na sua região, sobre as realidades que só existem aí. Afinal, o Brasil é um mundo. E até mesmo, se tu estiveres a ler este livro em Portugal, cada distrito do país também tem realidades específicas. O que ocorre também em Moçambique, Angola e até nas ilhas de Cabo Verde.

Isso quer dizer que, em qualquer lugar que você esteja, observe as referências gerais, de grande campanhas, mas olhe para quem faz bem na sua região, mesmo que seja o seu adversário, como eu disse anteriormente. Afinal, *benchmark* bem feito é uma das principais competências dos bons estrategistas.

O que é interessante neste momento em que vivemos é que tem muita gente também produzindo conteúdo nas redes sociais. E isso faz com que certas análises possam ser feitas quase na hora em que os fenômenos acontecem, com possibilidades de respostas a novos desafios.

Se você quer algumas indicações de perfis para acompanhar e entender sobre os desafios da comunicação política, siga no Instagram a Dani Braga (@danimbraga), Laércio Menegaz (@laerciomenegazjr), o Fred Perillo (@fredperillo), o Lucas Pimenta (@lucaspimentanosolhos), o Rodrigo Gadelha (@rodrigogadelha), a Gisele Meter (@estrategiaparlamentar), o Emerson Saraiva (@eleja.se_), o movimento Todaz (@todaznapolitica), a Associação dos Profissionais de Marketing Político (@apromapbr), o Gilmar Arruda de Souza (@gilmararrudadesouza), o Paulo Loiola da Base.Lab (@baselab_cc), entre tantos outros. Atualmente, há uma democratização muito grande do conhecimento, o que pode ser interessante, mas também um desafio de entender o que é útil e o que não é.

Portanto, estude, observe e saiba que, apesar de tudo o que você vê, é na sua capacidade de entender a própria realidade que você vai encontrar o sucesso da comunicação política.

Então, agora, antes de continuar a falar sobre conteúdos, tente pensar de forma clara na comunicação que você tem feito, seja como líder ou como estrategista de algum projeto político.

Você acha que tem feito uma comunicação competente nas ruas, nos ambientes de participação e nas redes sociais?

Essa comunicação traz referências claras dos principais motivos pelos quais você está se desenvolvendo como liderança ao interagir com as pessoas?

A comunicação, em todos os ambientes, tem deixado claros os seus objetivos e o seu posicionamento? Além disso, ela demonstra a sua capacidade de compreender as necessidades e apresentar soluções que podem ser executadas?

Porque, no final das contas, como já dissemos, a comunicação dá forma ao projeto político, desde a sua concepção até a entrega real, de políticas públicas. E não há nada pior do que ação política sem comunicação. Como você viu no início do capítulo, com o caso das ciclovias em São Paulo, as boas intenções acabam se virando contra o benefício das pessoas quando não são comunicadas da melhor forma. Portanto, não há política sem comunicação. Tenha as melhores pessoas na equipe para fazer com que ela seja competente sempre.

# 9 – Desenvolva conteúdos para conquistar e manter os públicos

## Conteúdos que conquistam

Quero falar sobre conteúdos a partir do que conversamos no capítulo anterior, afinal, eles se complementam. Se a comunicação é a forma que qualquer projeto político toma para ser compreendido pelos públicos, os conteúdos são a realização da comunicação estratégica. É quando ela chega perto de quem deve ser conquistado, com a forma de uma conversa planejada, de uma apresentação em uma reunião, de um discurso em um evento, de textos em peças impressas, de vídeos nas redes sociais ou na televisão. Tudo isso é conteúdo, por isso cada um deles deve ser pensado como parte integrante do mesmo processo de comunicação.

Se você já ouviu o termo **Comunicação Integrada**, é disso mesmo que estou falando. Integração de ferramentas, de meios, de conteúdos e, claro, de pessoas. Porque, para que a comunicação seja realmente integrada, as pessoas que a fazem devem tocar como uma orquestra sinfônica alemã, ou como a bateria dos Acadêmicos do Salgueiro.

E, para dar um contexto mais histórico a tudo isso, vou citar Nicolau Maquiavel. O que ele tem a ver com comunicação integrada? Muito! Quando ele escreveu o famoso O Príncipe, disse que o objetivo de qualquer projeto político (ele chamava tudo de príncipe, mas nós chamamos de grupo ou projeto político) era conquistar e manter o poder. Para aquele tempo, isso incluía a utilização da violência e da distribuição de benesses para que, no caso de quem ele aconselhava, um Médici, a família mantivesse o poder em Firenze.

Porém, em uma democracia, em que "todo o poder emana do povo", o que tem que ser conquistado e mantido são os públicos, para que eles queiram que o seu projeto político chegue ao poder e, quando houver a conquista, eles temam que você saia de lá. Para isso, as pessoas devem perceber claramente os motivos pelos quais elas querem que você esteja no poder.

Para que os públicos sejam conquistados, então, eles têm que compreender que o seu projeto os leva para um futuro melhor. Seja na educação, na saúde, passando pela segurança ou pela seguridade social, o que vale é lembrar que você tem as melhores soluções. E isso não dá para fazer sem ter bons conteúdos. Falados, escritos, filmados, etc.

E depois que conquistar, depois que as pessoas começarem a achar que o melhor projeto político para o futuro delas é o seu? Aí, então, começa o relacionamento sério. Porque, depois de conquistados em um primeiro momento, tem que acontecer a reconquista a cada dia. Sempre, em um ambiente democrático, em que tanta coisa acontece a todo momento, manter os públicos é reconquistá-los a cada dia. E oferecer mais conteúdos, que estejam integrados em uma mesma história, falando do mesmo posicionamento.

Afinal, os concorrentes estão trabalhando, contando histórias também, desenvolvendo conteúdos, construindo posicionamentos que podem fazer mais sentido do que o seu. Por isso, não é possível parar nunca, mais ou menos como o que Maquiavel aconselhava os mandatários fiorentinos: mostrar o bem sempre, em ações diárias.

Isso porque hoje os conteúdos sobre política estão em todos os cantos, inclusive com quem não faz política oficialmente. Às vezes, a concorrência por atenção e preferência dos públicos está além daqueles que você considera concorrentes diretos. Porque, se as pessoas começarem a encontrar mais sentido para a sua percepção de futuro nas ações de uma instituição, de uma ONG ou de um grupo de amigos, elas podem deixar de dar atenção ao que você diz.

Explico aqui, para que não fiquem dúvidas sobre concorrência. Se você fala com pessoas que se identificam e colocam como aspecto fundamental das suas vidas a bandeira de inclusão dos LGBTQIA+, então você tem que ser importante para este tema. E, se houver discursos de um instituto, uma fundação, um grupo de pessoas da cidade e até mesmo um espaço cultural para que as pessoas consigam ter a sua participação, elas não vão achar essencial apoiar um projeto político só porque ele diz que está próximo da causa. Elas só vão realmente apoiar o seu projeto se encontrar a possibilidade de que ele represente algo diferente, que traga esperança. E seu papel vai ser juntar todos, a fundação, o grupo de pessoas, o espaço cultural, e colocá-los para trabalhar a partir da sua organização. Deu para entender? Ao contrário dos adversários, os concorrentes podem se tornar parte do seu projeto, se você tiver competência para trazê-los e desenvolver comunicação integrada conjuntamente.

## Discursos, reuniões, conversas

O seu posicionamento, as histórias contadas e a construção de futuro devem fazer parte de todos os momentos em que você se comunica. E, por mais que hoje em dia muita gente se preocupe com as redes sociais, é essencial saber que tudo começa e é resultado da interação pessoal. Com raras exceções, os projetos políticos ainda nascem de ambientes reais de interação: o clube, a igreja, a associação, o local de trabalho, o sindicato ou qualquer lugar em que as pessoas se encontram.

Isso quer dizer que as interações reais devem ser organizadas a partir daquilo que é o seu posicionamento, e as falas da liderança devem sempre levar para o que ele é. Por mais que isso pareça repetitivo, essa é uma característica da comunicação política: a repetição didática. Para que as pessoas entendam o que você defende e como você vai resolver problemas reais, elas precisam ouvir várias vezes, para criar um ambiente de confiança.

Você não precisa sair repetindo o mesmo texto em todos os lugares, mas todos os seus textos devem levar para o posicionamento. Isso requer muito planejamento, para que qualquer tema leve para o que você quer falar.

Se você tem como temática principal da sua liderança a saúde e tem o posicionamento ligado ao atendimento a pessoas com dificuldade de acesso aos equipamentos médicos, tem que levar todas as conversas para isso. Mesmo quando, no local em que você está, o tema principal seja educação ou segurança pública. Os caminhos para que você fale do tema têm que estar claros durante cada interação.

Se alguém disser "renda mínima de cidadania", qualquer pessoa que já teve contato com o ex-senador e atual vereador de São Paulo

Eduardo Suplicy vai se lembrar dele. Tem gente que acha que isso é chato, que é muito repetitivo, mas garantiu a ele ser uma das pessoas mais respeitadas em um dos maiores partidos do país. Isso não é pouco.

Porém, você não precisa ser repetitivo como o Suplicy, mas pode muito bem falar com clareza sobre aquilo que domina. Mesmo o ex-presidente Lula, que esteve em um cargo em que vários temas são importantes, sempre consegue levar as conversas para a questão social, a proteção aos pobres. Note em cada discurso dele que essas ideias estão presentes. Portanto, faça isso também. Leve cada interação para a comodidade do seu tema e do seu posicionamento.

Nas reuniões com poucas pessoas, seja mais observador do que dono da palavra, e fale somente quando o que você tem como posicionamento puder levá-lo à possibilidade de interagir, mesmo que indiretamente, com o assunto. Evite, sempre, mudar o "rumo da prosa", porque isso faz com que a interação não aconteça. Existem alguns políticos que, durante o processo eleitoral, fazem algo que realmente complica o relacionamento, que é o tal pedido de voto. Se você só tem um "vote em mim" a dizer, realmente precisa rever os seus objetivos. As pessoas até podem receber este *call to action*, que é como se chama esse momento final de convite para a ação que se faz na comunicação de marketing, mas ele só faz sentido se estiver concluindo uma conversa sobre temas que façam sentido para as pessoas.

Nos discursos em eventos, da mesma forma, leve algo a dizer que tenha relação com os públicos que estão ali. Você pode ter algumas fórmulas definidas, é claro, mas precisa adaptar sempre. Ter capacidade de olhar nos olhos das pessoas e saber se aquilo que está sendo falado faz sentido é algo obrigatório para qualquer liderança política. E, para isso, é necessário que se tenha duas características: a tranquilidade de não ter certezas absolutas e uma capacidade muito grande de ter controle sobre o que o projeto tem a oferecer, para que haja sempre uma adaptação possível que faça sentido para os públicos.

Novamente, veja os grandes líderes políticos, que conseguem usar o posicionamento para tratar com respeito as demandas, as necessidades e os desejos das pessoas, entendendo que a única maneira de se destacar no ambiente político é sabendo que todos devem se lembrar do seu projeto, ou do seu nome, sempre que pensar nos problemas que devem ser resolvidos.

Discursos escritos previamente são importantes para eventos institucionais, mas sempre devem ser adaptados se houver uma necessidade urgente, observada na hora. Na tradição política brasileira, o que vale muito é essa capacidade de falar para a emoção das pessoas, e por isso, às vezes, o que é importante é ter uma lista de tópicos que deverão ser tratados, sem o texto todo definido.

Quanto ao tempo, isso também tem a ver com o evento. Evite falar muito e fazer as pessoas se cansarem, mas também não seja tão rápido que elas não se lembrem de você. E, principalmente, cuide muito do início e do fim do discurso. Um início competente chama a atenção de todos para que acompanhem o que vai ser dito, e um final bem planejado consegue manter os principais pontos do discurso na cabeça das pessoas por bastante tempo. Conclua, portanto, com uma frase que você está acostumado a dizer, e evite conclusões vazias como "então é isso".

Nas ruas, quando as relações são mais íntimas e em geral mais rápidas, tenha a capacidade de falar sobre problemas e soluções em menos de um minuto. E, também, saiba olhar nos olhos. No dia a dia, você pode até ter mais tempo, mas, em época de eleição, isso fica bem mais difícil. Portanto, fale dos benefícios, das possibilidades, dos projetos, e deixe que as pessoas que estão com você, seus apoiadores, trabalhem o tal pedido de voto e a distribuição de material impresso. O ideal é que a principal liderança (o candidato) só distribua material se tiver tempo de mostrar algo que está nele para cada indivíduo, o que, em muitos lugares, é impossível.

## Redes sociais e outros ambientes virtuais

Os conteúdos nos ambientes virtuais merecem um cuidado à parte, embora muita gente pense que eles só são consequência do que acontece na interação presencial. Porém, já há alguns anos, o que acontece nas redes sociais e nos aplicativos de mensagem precisa ter conteúdos específicos, e não apenas uma "cobertura jornalística" do que acontece na vida real.

Portanto, desenvolver conteúdos que falem de temas para as redes, vídeos rápidos em *stories*, Reels e TikTok, ou mesmo longos para os *feeds* e para o YouTube, é essencial para conquistar novos públicos e fazer os mais velhos ter capacidade de compartilhamento de informações. Afinal, as redes sociais trouxeram liberdade para que as pessoas possam falar do que gostam e do que não gostam, sobre todos os temas, e principalmente sobre política.

Mas não há receita pronta. Tem gente que "vende" conteúdos nas redes com *cards* e textos prontos, comemorações de aniversários de cidades, parabéns por dias de profissionais, como médicos, engenheiros e outras coisas, e não fazem com que as redes tenham vida. E elas só têm vida quando falam, também, da realidade das pessoas, do que elas discutem, necessitam, desejam.

Elas podem desejar, inclusive, saber sobre a sua vida, como é a sua família, quais as coisas que você faz nas horas vagas. Isso não é um problema, é uma característica de públicos. Então, se as pessoas que seguem as suas redes, além de querer saber sobre projetos, também interagem com a sua vida pessoal, não há problemas. O que não vale é tornar a sua vida algo artificial somente para que as pessoas achem que ela é invejável. Neste caso, você não seria uma liderança política, mas somente um *digital influencer*.

Nas redes sociais e nos ambientes virtuais, o planejamento também é fundamental. E ele se desenvolve apenas se houver, na sua equipe, uma grande capacidade de observação e adaptação. Embora dê trabalho, é fácil entender o que tem sentido para os públicos e o que não tem. Faça testes, adapte os calendários e os temas, entenda o que as pessoas precisam.

As redes, no entanto, não são garantias de resultados eleitorais. Por isso, é importante saber se as pessoas estão engajadas no projeto político, e não apenas curtindo. Para saber se elas se interessam por aquilo que você diz, verifique se o projeto está sendo defendido quando há alguma ação de opositores e de *haters*. É exatamente na hora em que você é atacado que é possível saber se as pessoas entram nas redes para defender o seu projeto.

Lembre-se do capítulo em que falamos de públicos, e saiba que cada um deles deve ter comunicação específica, preferencialmente que faça sentido para o papel deles, desde os idealizadores, que precisam ser bem tratados pelo WhatsApp, até os detratores, que precisam ser estimulados a atacar o seu projeto para que você consiga ainda mais engajamento. Isso mesmo! Um bom planejamento de comunicação inclui na análise os públicos que vão atacar você nas redes.

## O que fazer, então?

É importante nunca se esquecer de que seu projeto tem diferenciais, e eles são definidos a partir do seu posicionamento. Por isso, a clareza dos textos e a capacidade de se fazer entender são aspectos fundamentais para conseguir ter relevância e conquistar a liderança. Observe os objetivos políticos e faça o planejamento da sua comunicação:

- **Retome o posicionamento** que você quer construir e se lembre de que sempre ele deve ser a referência para tudo o que você disser, em interações presenciais, na imprensa ou nas redes sociais.
- **Defina seu tom de voz** e seus principais pensamentos, preferencialmente em um pequeno guia de algumas páginas, para ajudar também quem vai ajudar você no desenvolvimento das mensagens, dos discursos de eventos e dos posts das redes.
- **Faça um calendário de conteúdos** nas redes, pensando sempre no comportamento do seu público e na necessidade que ele tem de contato com as suas mensagens. Se houver a sensação de que você manda muita coisa pelo WhatsApp, por exemplo, há um

grande risco de você ser taxado de chato e bloqueado. Se não houver interação por muito tempo, você pode ser esquecido. Então, busque o equilíbrio. Como? Observando as reações das pessoas.

- **Cumpra o calendário definido**, produzindo conteúdo para ter uma folga de alguns dias. Afinal, se você só produzir os conteúdos na hora em que for postar, há uma tendência de que você gaste todo o seu tempo na produção e deixe de fazer coisas essenciais para uma liderança política, como participar de reuniões e de eventos.

- **Tenha também alguns discursos razoavelmente prontos**, sobre temas com os quais acredita que vá interagir. Isso é necessário para que você possa rapidamente se adaptar à situação em que estiver, quando for convidado para falar.

- **Treine muito a sua fala em público** e as suas formas de interação, lembrando-se sempre de que as pessoas querem ouvir o que você tem a dizer, mas principalmente querem ser ouvidas.

E, por fim, questione-se sobre a comunicação que você tem feito hoje. Os seus conteúdos são percebidos pelos seus públicos com clareza? Eles conseguem enxergar os objetivos políticos? Além disso, você tem liberdade para falar da sua atuação em cada momento em que vai às ruas, participa de eventos, faz *posts* nas redes sociais?

O segredo sempre é a capacidade de observar o ambiente, entender os limites e as capacidades do próprio projeto e planejar sempre, inclusive com planos de ações muito claros, como vamos ver a seguir.

# 10 – Comece agora a construir o futuro

## Planejar as ações

Então, para que as coisas ocorram no seu projeto político, você precisa planejar as ações, muito além de refletir sobre o que tem a oferecer, sobre seus públicos e os objetivos. Por isso, coloque em prática o que você leu até aqui. Como? Essa resposta é simples, mas traz muita coisa complexa. A resposta é "construindo o futuro", que é a principal missão de qualquer pessoa que tenha a intenção de liderar. E isso tem uma relação direta por decidir fazer as coisas acontecerem. Se você adiar muito, nada vai acontecer. Por isso, se você ainda não começou, comece agora. Defina, por exemplo, que, ao acabar de ler este livro, vai começar a organizar o que tem e aonde quer chegar.

E sempre se lembre da importância do planejamento para o momento inicial de qualquer atuação. Se você já começou a desenvolver a sua liderança e o seu projeto político sem que tenha havido um planejamento individual ou com a equipe de idealizadores, faça uma pausa e planeje. A pausa pode ser um fim de semana, um dia inteiro de trabalho árduo ou um período mais longo com diversas reuniões, presenciais ou online. Mas é fundamental que você faça isso, afinal, pode parecer até estranho, mas o planejamento faz parte do plano, isto é, tem que ter um momento específico para ele, seja o inicial, sejam as revisões periódicas.

Para que tudo fique centralizado, coloque em um caderno, em um arquivo de computador ou no bloco de notas do seu celular, primeiramente, os motivos pelos quais você acredita que deve ser uma liderança. Aquilo tudo sobre o que falamos no primeiro capítulo. Isso pode ser só seu, mas vai ser a base para a conversa de planejamento que você vai ter com a equipe de idealizadores.

Se você não tem a equipe definida ainda, converse individualmente com cada pessoa que você acredita que possa fazer parte e jogue aberto, fale de objetivos, das condições, da confiança que você tem para convidá-la e no que você espera contar com ela.

Com algumas pessoas que tenham falado sim, marque uma reunião para que todos se conheçam. Como você já deve saber, essa equipe inicial deve ter poucas pessoas, para que se tenha o controle e uma ideia de exclusividade, que é fundamental para que elas sejam estimuladas a trabalhar, principalmente quando isso vai acontecer de forma voluntária.

Faça algumas coisas de forma paralela. Embora aqui os capítulos tenham sido apresentados em sequência, muitos itens podem acontecer de forma conjunta. A definição e a estruturação da equipe e dos processos, por exemplo, vai acontecer durante todo o tempo em que o projeto existir, como uma empresa. Quanto maior ficar o projeto, mais pessoas serão necessárias e mais detalhados deverão ser os processos. Porém, algumas coisas precisam ser definidas antes das outras. Os objetivos precisam ficar claros logo. E a discussão sobre o posicionamento e as histórias que devem ser contadas, embora sejam itens que podem ser revistos de tempos em tempos, precisa acontecer antes da comunicação definir a sua forma e começarem os desenvolvimentos dos conteúdos.

Para que as coisas fiquem organizadas, dê papéis claros para as pessoas. Comunicação, embora possa ter discussões conjuntas para definição de caminhos, precisa de gente específica, tanto na produção de conteúdos mais tradicionais, como *press releases* e discursos, quanto para as redes sociais, que deve ter gente dinâmica tocando.

As análises de pesquisas e de públicos, que podem ser desenvolvidas até mesmo por quem faz comunicação, têm que ter processos específicos, para que os dados resultantes de observação, de monitoramento de redes, de enquetes e de fontes secundárias possam estar organizados em um Sistema de Informações de Marketing (SIM), que pode ser acessado por todos que precisem de dados para tomar decisões ou gerar conteúdos.

Não se esqueça também da importância da comunicação com públicos essenciais, como os apoiadores, os financiadores e principalmente as estruturas dos outros projetos políticos, que influenciam ou são influenciados pelo seu. O partido político (ou os partidos, se você ainda não decidiu o seu) precisa ter um cuidado especial, para que os recursos disponibilizados por ele possam ser aproveitados ao máximo pelo seu projeto.

Mas tudo isso só fica realmente claro quando você tem gente associada a cada responsabilidade e processo. Por isso, delegue! A agenda de eventos, por exemplo, não pode ser de responsabilidade do líder político. Ela tem que ser gerida por alguém que possa dizer "não" sem que a liderança tenha problemas. Além disso, as discussões sobre a importância e as "armadilhas" de certos eventos, embora possam acontecer em conjunto, precisam de um responsável direto.

E lembre-se sempre do seu papel, de sempre organizar estrategicamente tudo, mas se distanciar para que não fique responsável pela execução. Afinal, vale lembrar que você é o líder do projeto. E liderar, além de tudo o que você já ouviu, é ter a capacidade de representar, de organizar, de convencer, de guiar. E isso só é possível quando as pessoas compreendem que podem ter suas esperanças depositadas no seu projeto político e na sua figura como líder.

Também é essencial lembrar-se de que tudo isso tem limite. Ter poder não é manipular as pessoas a seu bel-prazer. Ter poder é ser reconhecidamente alguém em quem as pessoas se inspiram para viver a própria vida, organizar o que fazem no dia a dia, em todos os aspectos de interação social, como no trabalho, na escola e na convivência no bairro, na localidade em que se vive.

E ser referência traz, como dissemos tanto aqui, inúmeras responsabilidades. A principal delas é em relação à verdade. Não há liderança que não se baseie nela. Por isso, opte sempre por ter uma construção de discurso e de atuação clara, transparente, pautada em relações de confiança. É isso o que vai fazer com que a sua equipe se desenvolva e todos tenham claramente os seus papéis, olhando para o futuro desejável e para a sua capacidade de organizar tudo para que ele chegue o mais rapidamente e o mais competentemente possível.

E, já que falamos sobre a verdade, você pode até dizer que conhece muita gente que faz política sem ter compromisso com a verdade. Mas aí podemos conversar durante uma vida, escrever livros e mais livros para entender por que se mente tanto no ambiente político.

Porém, uma coisa é clara: projetos políticos em ambientes democráticos que não se pautam pela verdade tendem a ter vida curta. Se isso não acontece no Brasil, o problema é da nossa democracia, que ainda tem tantos problemas.

Então, neste momento, pergunte-se: o que você já fez para desenvolver o seu planejamento inicial do projeto político? Já conversou com o seu primeiro grupo de apoiadores, que pode ser a equipe de trabalho com a qual você vai contar para começar a desenvolver a atuação?

E volte sempre ao primeiro ponto para dar os passos seguintes. Consegue falar sobre o propósito que fez com que você tomasse a decisão de fazer política? Lembre-se: é a forma que você apresenta a sua história e as suas propostas de construção de futuro que farão com que você tenha apoiadores e uma equipe inicial de trabalho.

## Avaliar os resultados

Mas não existe possibilidade de continuar no desenvolvimento de um projeto político se ele não tem formas de avaliação dos resultados. Então, se os objetivos foram bem construídos, começando lá pelos de longo prazo e terminando com os de curto, que foram transformados em metas quantificáveis, você pode ter o controle sobre muitas coisas.

As metas podem ser eleitorais, mas devem ser inicialmente ligadas às ações: conversar com um número de pessoas, ter os contatos de um outro número para desenvolver ações de comunicação, estar presente em um número específico de veículos da imprensa, ter um determinado número de seguidores nas redes.

Todas essas, e muitas outras, são formas de conseguir avaliar os resultados, deixar os idealizadores e os apoiadores empolgados, e principalmente ter argumentos para que os financiadores possam entender que o seu projeto tem futuro.

Defina metas de curto prazo para que, periodicamente, você tenha a possibilidade de verificar também como o trabalho tem sido feito, quem merece mais atenção e quem precisa de cuidados para que trabalhe de forma mais consistente.

E isso pode acontecer, principalmente, em relação à comunicação e às redes sociais, com verificações semanais e relatórios mais completos mensais. Isso serve para que as pessoas responsáveis se dediquem mais e, principalmente, como forma de compreensão de quais temas têm mais relevância e engajamento por parte de seus seguidores e possíveis multiplicadores.

Quando as metas são mais específicas e os resultados podem ter maior impacto, como no caso de um processo eleitoral ou da definição de uma chapa de candidatos dentro de um partido, é importante que os resultados possam ser muito discutidos pela equipe. Quem trabalha na estratégia tem que ter clareza de que os resultados podem não ser os mais desejáveis, e por isso é essencial falar sobre eles.

Tem muita gente que acredita que, quando se fala que é possível que uma eleição seja perdida, isso pode acontecer. Além de ser uma crendice absolutamente sem sentido, pode levar a derrotas maiores. Quando não se fala do que será o futuro se houver uma derrota, a tendência é que o projeto político perca a equipe de trabalho e os apoiadores após o resultado adverso.

Portanto, metas são formas de controle, e alcançá-las depende de competência, mas também de questões imponderáveis. Afinal, como sempre falamos, estamos lidando com a sociedade, que é extremamente instável, e com o futuro, que ainda não existe. A política, portanto, é o território das incertezas.

## Prepare-se para construir o futuro

Porém, é exatamente por ser incerto que o futuro é interessante. Quem faz política deve saber disso. Essa incerteza traz ansiedade, algumas tristezas, mas, se você decidiu fazer política, o futuro está lá na frente e, apesar dos percalços, o resultado final vale a pena.

Mas qual é o resultado final? É exatamente o motivo pelo qual você decidiu fazer política. Que tal repetir o que já falamos? Pode ser alcançar alguma melhoria para o ambiente em que você vive, ser uma referência em um determinado tema ou na defesa de uma bandeira. E tem gente que, com mais risco, vai para o ambiente político porque quer um determinado cargo. Embora isso não seja aconselhável, não tem porque ignorar que existe.

E retomo o motivo pelo qual pensar no cargo é um risco. Primeiramente, porque dificilmente vai haver uma possibilidade de construção de posicionamento que faça sentido, e consequentemente a imagem pública vai ser confusa, dando ênfase somente nas expectativas dos públicos, o que tem uma volatilidade enorme, e pode levar a sua liderança a nunca existir. Além disso, quando o cargo é o objetivo, o insucesso em uma eleição é quase certeza do fim do projeto. E então, em cada período eleitoral, um novo projeto deverá ser estruturado.

Relembro que também há o risco do sucesso inicial, quando se consegue o cargo rapidamente, mas não se sabe o que fazer com ele. E então rapidamente um projeto político organizado, inclusive o próprio partido, em geral "sequestra" o mandato.

Portanto, se você quer construir um futuro com um tema, uma maneira de ver o mundo, a defesa de um direito ou de um caminho para uma área da sociedade, defina os objetivos a partir da atuação, e observe os cargos e as eleições como oportunidades para ter poder e fazer com que aquilo que é essencial ao seu projeto político possa ser transformado em política pública e em resultados reais para as pessoas.

Porque, no fundo, todos os que fazem política de verdade pensam em como querem ser vistos no futuro, quando serão referências para uma parte da sociedade a partir do seu posicionamento. Os cargos que serão conquistados só farão com que essas referências tenham sido ou não desenvolvidas e entregues para as pessoas.

Voltamos, então, a falar de propósito. Porque o que faz com que cada um dos líderes saia de casa, encare diversos desafios, ataques de adversários e às vezes corram até riscos contra a própria vida, é a certeza de ser referência, de ser visto, de ajudar, de construir o futuro.

Líderes políticos, então, querem o destaque pessoal para organizar as pessoas e as suas demandas, mas também doam as suas vidas para que os públicos tenham um futuro melhor. São duas faces que interagem e precisam ser administradas da melhor forma, para que os resultados sejam os melhores possíveis.

Por isso, volto à ideia de que, se você está construindo a sua liderança política, ou está aqui, lendo este livro, para organizar aquilo que já está construído, mas precisa de uma reforma, é fundamental compreender como outras lideranças construíram as suas ações. Ler biografias de grandes líderes é fundamental para se inspirar e organizar a forma de pensar, o posicionamento, compreender questões políticas complexas. Mas não só os biografados têm bons ensinamentos. Alguns líderes da sua região, mesmo aqueles que nunca tiveram cargos eletivos, mas conseguem juntar pessoas em volta para conquistar objetivos sociais, podem ser fundamentais para a aprendizagem.

E é aí que o futuro se conecta novamente. Porque, se ele não aconteceu, e as lideranças precisam sempre contar histórias sobre o que está por vir, a aprendizagem sobre os novos cenários é fundamental. Nos seus planos de ações, dedique tempo e recursos para que você, como líder, e a sua equipe tenham contato com novas informações e novas formas de ver o mundo.

Lideranças políticas têm que se movimentar sempre, ter agenda lotada, com tempo para interações e para observação interna. Por isso, ao olhar para este livro, ele tem dez capítulos, que também podem ser dez passos que, de tempos em tempos, você pode revisitar. Se possível, anote esses dez pontos e defina um tempo para revisão de cada um.

- Reveja se você ainda mantém os motivos que o levaram para a liderança.

- Observe como está a sua conquista por novos conhecimentos para liderar.
- Verifique se você está tendo a capacidade de entender as pessoas.
- Reorganize seus públicos de acordo com interesses que se modificam sempre.
- Olhe para o seu projeto e verifique se as pessoas estão trabalhando e os processos estão acontecendo da melhor forma.
- Revisite e redefina, se necessário, os objetivos, as metas e as estratégias.
- Discuta o seu posicionamento e as histórias que são contadas pelo projeto político.
- Avalie a comunicação e a integração entre as pessoas, as ferramentas e as mensagens.
- Teste os conteúdos e verifique como eles estão sendo recebidos pelas pessoas, por meio de pesquisas, observações e monitoramento das redes sociais.
- Volte a fazer planos de ações e reorganize a sua atuação para o curto, o médio e o longo prazo.

Enfim, é fundamental que o projeto político, que tem vida própria e reflete toda a instabilidade da sociedade, seja também dinâmico e possa ser adaptado sempre, para dar conta do que é necessário para que o propósito da sua liderança possa ser atingido e, consequentemente, você possa cumprir a missão à qual se propôs.

## Epílogo: observe, compreenda, modifique-se, mas nunca perca a essência

Ao chegar ao final destas conversas, pense que agora você está começando a desenvolver um projeto, que nunca vai ter fim. Os anos vão passar, as vitórias e as derrotas vão acontecer e você só vai ter uma ideia clara do que foi feito ao olhar para trás. E isso provavelmente só vai acontecer daqui a muitos anos.

Por isso, use registros, reflita, escreva. Alguns arquivos precisam estar disponíveis somente para você, para que seja possível observar o caminho e ter alguma satisfação de realização.

É natural que, no meio do caminho, muitas coisas ocorram, sua forma de pensar mude, o ambiente se transforme, a realidade faça você ter que adaptar o que defende. Isso não é um problema, afinal, somos todos metamorfoses ambulantes. Ou você não se considera uma?

Porém, lembre-se da essência. Para uma liderança política, a essência é aquilo que fez com que ela saísse de casa com a intenção de organizar as demandas e trazer novas soluções para as pessoas, para a vida em comunidade.

Se você se lembrar sempre dos motivos pelos quais você decidiu fazer política, vai adaptar caminhos, mudar objetivos, mas nunca perder a essência, a motivação.

O especialista em liderança Simon Sinek, que ficou famoso com um TED há alguns anos, definiu um conceito que ele chamou de Golden Circle, em que diz que temos três camadas principais de organização das motivações. Eles são representados pelas perguntas *Por quê?*, *Como?* e *O quê?*. Se você se lembrar que o movimento parte sempre do Por quê?, mesmo quando o ambiente estiver complicado, vai conseguir manter a motivação e o propósito.

Lembre-se sempre desta palavra: propósito. É ele que fez você se movimentar e sair do lugar em que estava. É ele que vai levar você a conquistar a relevância que quer, para mudar a sua vida e a forma de viver das pessoas da sua comunidade, da sua cidade, do seu país, do mundo.

E não se esqueça de se questionar sempre. Usando as perguntas que foram feitas aqui em cada capítulo e formulando outras. Afinal, fazer política e decidir por ser uma liderança exige muito mais questionamentos do que certezas.

Seja feliz. E faça da política a sua procura da felicidade.

## Sobre mim

Como eu disse lá no início, sou um apaixonado por política desde muito pequeno. Minhas primeiras memórias têm a ver com eleições. Colecionei brindes de candidatos, decorei *jingles* eleitorais, fiz boca de urna e me aproximei do movimento estudantil e de juventudes de partidos na adolescência. Estudei Ciências Sociais na Universidade de São Paulo, fiz pós-graduação em Marketing, mestrado e doutorado em Comunicação e uma pesquisa pós-doutoral na Universidade de Paris-Sorbonne. Virei publicitário e professor de Marketing e Comunicação Política e de diversas outras disciplinas na área. Coordenei campanhas, ajudei algumas pessoas a ganhar e outras a perder eleições, escrevi artigos e dei muitas entrevistas para tentar explicar a vida política brasileira. Sou santista, casado com a Cintia, pai do Felipe e da Joana, uma vira-lata que late quando maus políticos aparecem na televisão. Atualmente, moro em Portugal e também acompanho a vida política daqui.

Às vezes, me perguntam por que eu não desenvolvo a minha liderança política e tento me apresentar para eleições. Ainda não tive coragem, mas ainda há tempo. Quem sabe?

Use as redes sociais para conversar comigo.

Instagram: @KleberCarrilho

Twitter: @KleberCarrilho

Facebook: Kleber.Carrilho

LinkedIn: Kleber Carrilho, PHD

Como este livro tem uma construção constante, a sua percepção com certeza vai trazer melhorias e complementações importantes para a discussão da liderança e do propósito de fazer política.